Wolfgang Finze

AF192047

Das Wehrmannsgewehr

–

Geschichte, Technik und Hersteller

Meiner Frau gewidmet

Fotos sowie Layout und Covergestaltung vom Autor. Bilder ohne Quellenangaben entstammen dem Bildarchiv des Autors.

Bibliografische Information der Deutschen Nationalbibliothek:
Die Deutsche Nationalbibliothek verzeichnet diese Publikation in der Deutschen Nationalbibliografie; detaillierte bibliografische Daten sind im Internet über http://dnb.dnb.de abrufbar.

© 2024 Wolfgang Finze
Verlag: BoD • Books on Demand GmbH, In de Tarpen 42, 22848 Norderstedt
Druck: Libri Plureos GmbH, Friedensallee 273, 22763 Hamburg
ISBN: 978-3-7597-7819-2

Danksagungen

Es ist die angenehme Pflicht des Autors, all denen zu danken, die mit Informationen oder durch Überlassen von Unterlagen zum Zustandekommen dieses Buches beigetragen haben. Dank sei folgenden Personen ausgesprochen, die bei den Vorbereitungen für dieses Buch wertvolle Unterstützung leisteten.

- Michael Hammer
- Dr. Dr. Werner Müller
- Georg Reitmeyer
- Christoph Riedel
- Walter Schmid
- Jon Speed

Ein ganz besonderer Dank geht an Frau Brigitte Hölscher in München, Herrn Josef Albl in Oberammergau und an Herrn Stefan Gruß in Wiesbaden, ohne deren uneigennützig überlassenes Material dieses Buch nicht hätte entstehen können.

Inhalt

Vorwort

Der Deutsche Schützenbund wurde 1861 in Gotha gegründet und musste sich 1936 zwangsweise auflösen. Zwischen dem damaligen Schützenbund und seinem 1951 in Köln gegründeten Nachfolger gleichen Namens gibt es allerdings große Unterschiede. Der größte Unterschied ist, dass der damalige Schützenbund nicht die Massenorganisation war, die er heute ist, denn selbst zu seinen besten Zeiten hatte er kaum mehr als 60.000 Mitglieder.

Wenn heute von „Traditionswaffen" des Deutschen Schützenbundes die Rede ist, ist üblicherweise die klassische Scheibenbüchse, der Feuerstutzen, gemeint. Dabei gibt es noch eine andere Waffe, die, genau wie der Feuerstutzen, Teil der Traditionen des Deutschen Schützenbundes ist: Das Wehrmannsgewehr (üblich ist auch die Schreibweise Wehrmanngewehr).

Gerade dieses Gewehr markiert den Aufbruch des Schützenbundes in die Moderne, die von internationalen Wettkämpfen und Leistungsvergleichen geprägt ist. Die 1903 erfolgte Aufnahme des Wehrmannsgewehrs in die Schießdisziplinen der Deutschen Bundesschießen war kein Zeichen einer speziell deutschen Militarisierung des Schießsports, sondern lediglich das verspätete Aufgreifen international längst üblicher Entwicklungen.

Auch wenn der Name „Wehrmannsgewehr" Assoziationen zu „Wehrsport" nahelegt, haben Wehrmannsgewehre nichts mit dem von den Nationalsozialisten geförderten Wehrsport zu tun.

Tatsächlich war der staatlich geförderte Wehrsport der Anfang vom Ende des Schießens mit Wehrmannsgewehren, denn nach dem Willen der nationalsozialistischen Führung sollte der Wehrsport mit eigens dafür entwickelten Kleinkalibergewehren betrieben werden. Kleinkaliberwaffen boten eine Reihe von Vorteilen:

- Die preiswerte Munition.
- Der (verglichen mit Großkaliber-Waffen) eher geringe Preis der Waffen.
- Kleinkaliber-Schießstände ließen sich schnell und preiswert (fast) überall errichten, denn die Sicherheitsanforderungen an die Schießstände waren geringer als beim Großkaliberschießen.
- Der Rückschlag der KK-Waffen beim Schießen war fast unmerklich.

Dazu kam die eher irrationale Überlegung der nationalsozialistischen Machthaber, die die sehr guten Schießleistungen der US-Soldaten im ersten Weltkrieg darauf zurückführten, dass in den USA sehr viel mit Kleinkalibergewehren geschossen wurde.

Erst mit dem nach 1990 vor allem in Süddeutschland wieder erwachten Interesse am traditionellen Schießen mit dem Feuerstutzen wurde auch das Wehrmannsgewehr „wieder entdeckt" und gehört heute, neben dem Zimmerstutzen und der „alten Scheibenpistole" zum Programm der alljährlich stattfindenden offenen bayerischen Meisterschaften für Traditionswaffen.

Um zu verstehen, warum das militärisch anmutende Wehrmannsgewehr Teil der Tradition des

Schützenbundes ist und warum gerade diese Waffe den Aufbruch hin zu einem modernen Schießen markiert, ist ein Blick auf die Geschichte des Deutschen Schützenbundes notwendig.

Gestützt auf zeitgenössische Literatur, Artikel aus zeitgenössischen Schützenzeitungen, der Autobiographie von Ernst II. von Sachsen-Coburg und Gotha, der „Provinzial-Correspondenz" sowie auf Akten der Firmen Haenel und Mauser wird hier die Geschichte des Wehrmannsgewehrs erzählt, wobei technische Details des Gewehrs nur soweit erwähnt werden, wie sie für die Geschichte des Wehrmannsgewehrs von Bedeutung sind.

Im Text Verwendete Abkürzungen

BSZ: Bayerische Schützenzeitung

DDS – Der Deutsche Schütze

DSZ – Deutsche Schützenzeitung

DSWZ – Deutsche Schützen- und Wehrzeitung

DKKS – Deutsches Kleinkaliber-Scheibenschießen

SuW – Schuss und Waffe

VDSZ – Vereinigte Deutsche Schützenzeitung

Von 1861 bis zum Ende des 1. Weltkriegs

Schützenvereine und Schützengilden gab es in Deutschland schon im Mittelalter. Nach den Befreiungskriegen, insbesondere aber nach der Revolution von 1848 gewann der Gedanke an einen einheitlichen und starken deutschen Staat auch unter den Schützen immer mehr Anhänger.

Anfang 1861 lud die Altschützengesellschaft Gotha alle deutschen Schützen zu einem großen gemeinsamen Schützenfest in Gotha ein und verschickte dazu einen Aufruf[1] an Schützenvereine in ganz Deutschland.

„Getragen von der Idee, daß ein enges Aneinanderschließen der Deutschen nach jeder Richtung hin nottut, und beseelt von dem Gedanken, daß insbesondere die Bildung deutscher Schützenvereine, die Einführung einer gleichmäßigen Schützenwaffe, die richtige Handhabung derselben angestrebt werden muß, von der Ueberzeugung durchdrungen, daß die Einigung gefördert wird durch nationale Feste, daß insbesondere das Schützenwesen gehoben werden wird, durch allgemeine Preis- und Wettschießen, durch den persönlichen Verkehr der Schützen aller deutschen Stämme, haben eine Anzahl Männer der Stadt Gotha sich vereinigt zur Veranstaltung eines Deutschen Schützenfestes....“

Das Schützenfest fand vom 08. bis zum 11. Juli im Anschluss an das thüringische Turnfest statt. Die Gothaer Schützen baten Herzog Ernst II. von Sach-

---

[1] Wir Schützen

sen-Coburg und Gotha im Mai 1861, den Ehrenvorsitz zu übernehmen. Er antwortete[2] am 24. Mai:

*„Mit umso größerer Bereitwilligkeit komme ich
diesem Wunsche entgegen, als der leitende Gedanke zu dem sich endlich ausführbar geworde-
nen Feste vor Jahren von mir selbst ausging und
ich mit allen guten Patrioten freudig eine Zeit be-
grüße, in welcher unser deutsches Volk jeden
Anlaß zur Kundgebung seines Nationalgefühls
mit Jubel ergreift und sich im Streben nach er-
höhter Kraft des Vaterlandes gerne wetteifernd
aus allen Gauen zusammenfindet. Das Gefühl
der Mannhaftigkeit des Einzelnen und das Verlangen nach Wehrhaftigkeit des ganzen Volkes
durchdringt jetzt die Gesammtheit."*

Wer war dieser Herzog, der hier den Ehrenvorsitz
des Thüringer Schützenfestes übernahm und in
der Folge großen Einfluss auf die Gründung des
Schützenbundes ausübte?

Herzog Ernst II. von Sachsen-Coburg und Gotha
(1818 – 1893) war der Regent des Herzogtums
Sachsen-Coburg und Gotha und gehörte zum eu-
ropäischen Hochadel. Sein Onkel war König der
Belgier, sein jüngerer Bruder Albert mit Königin
Victoria von England verheiratet. Ernst II. war mit
dem preußischen Kronprinzen Wilhelm (dem späteren Kaiser Wilhelm I.) sehr gut bekannt, wenn
nicht sogar befreundet.

Seit dem 01.05.1850 war Ernst II. Chef des preußischen Kürassier-Regiments von Seydlitz (Magde-

---

[2] Ernst II.: Aus meinem Leben und aus meiner Zeit.
Band 3

burgisches) Nr.7 und ab 1857 preußischer General der Kavallerie. Ernst II. galt als liberal und unterstützte alle Bewegungen, die ein einheitliches Deutschland zum Ziel hatten.

Ernst II. von Sachsen-Coburg und Gotha[3] als preußischer General der Kavallerie

Insgesamt folgten über 900 Schützen aus 236 Orten in Deutschland dem Ruf nach Gotha. Der Herzog begrüßte sie mit folgender Rede[4]:

„Der Gedanke der Vereinigung deutscher Schützen rief schon vor Jahrhunderten die Schützengilden zu gemeinsamen Festen zusam-

---

[3] Bild aus: Die Gartenlaube, J. 1888, S. 283
[4] Ernst II.: Aus meinem Leben und aus meiner Zeit. Band 3

men. Aber unaufhaltsam gingen die Wogen der Zeit über diese früheren Versuche hinweg.

Das Alte sank in Trümmer. Ein neues Leben ist erstanden und aus den alten Grundvesten erblüht in jugendlicher Frische ein neuer Gedanke.

…

Kraft und Geschicklichkeit sollen nach Preisen ringen, um den Einzelnen, gehoben durch das Bewußtsein seines Werthes, dem Ganzen brauchbar zuzuführen.

Das Hauptziel des gemeinsamen Strebens sei Wahrung der Ehre und Schutz des großen deutschen Vaterlandes.

In diesem Gedanken laßt uns die Bruderhand reichen."

Am Dienstag (09.07.1861) Abend fand eine Versammlung des Nationalvereins statt, der[5]

„die Bestrebungen zur Erhöhung der Wehrkraft willkommen heißt und es für Pflicht jedes deutschen Mannes erklärt, auf die Erweckung des dahin gerichteten Sinnes auch in der deutschen Jugend hinzuwirken."

Im Präsidium bemühte sich Ernst II., die Gründungsversammlung zu lenken. In seinen Memoiren schreibt[6] er dazu:

"Meiner Überzeugung nach waren drei Dinge zu erreichen, nicht mehr und nicht weniger: Allgemeiner deutscher Schützenbund, Gründung eines Vereinsorgans, Leitung des Bundes durch ein ständiges Comité.

---

[5] Ehrenspiegel deutscher Schützen

[6] Ernst II.: Aus meinem Leben und aus meiner Zeit. Band 3

In der Versammlung, welcher ich präsidierte, kamen aber Tendenzen viel weitergehender Art zum Ausdruck. Schlimm stand es namentlich mit den Ansichten über die Organisation des Bundes. Da verlangten die Radicalen vollständige militärische Gliederung und Bezirkseintheilung, einen obersten Führer und die Entwicklung eines Volksheeres. ...

Andererseits fehlte es nicht an Vertretung der conservativsten Anschauungen, und es gab particularistisch gesinnte Schützen genug, welche das Wesen der alten Compagnien erhalten wollten ...

Man hatte nicht geringe Mühe, diese Gegensätze auszugleichen. Doch war es mit Hilfe gemäßigterer und einflußreicher Männer ... gelungen, die Mehrzahl der Schützen auf dem richtigen Mittelwege zu halten, ...

So trat ich mit guten Hoffnungen des Gelingens am 11. Juli um 10 Uhr Vormittags in den großen Saal des Schießhauses und hielt an die zahlreich versammelten Schützen die folgende Anrede."

In dieser Rede führte er unter anderem aus[7]:

„Lassen Sie uns vergessen, wo unsere Wiegen stehen, ob im Norden oder Süden, ob im Osten oder Westen Deutschlands; lassen Sie uns einen großen gemeinsamen deutschen Schützenbund gründen. Einmal, um gemeinsame Normen zu finden für die größeren und kleineren Schützenfeste, eine gemeinsame Schützenordnung; zum

---

[7] Hirth, Georg: Das erste allgemeine Schützenfest.... Gotha 1861. Erst in späteren Texten ist anstatt „Reserve" von „Ehrenreserve" die Rede.

*andern Mal, um die ganze große Schar der
Schützen des großen Bundes der bewaffneten
und gut geschulten Jugend gleichsam als eine
Reserve der Armee an die Seite zu stellen....
Ich bitte diejenigen, die mit mir übereinstimmen,
sich erheben zu wollen.*

Da sich alle Anwesenden von ihren Plätzen erhoben hatten, schloss er seine Rede so:

„Meine Herren, Sie haben sich einmüthig erhoben. – Der Deutsche Schützenbund ist gegründet."

Damit war am 11. Juli 1861 im Gothaer Schießhaus der Deutsche Schützenbund gegründet worden. Die 1861, kurz nach Gründung des Schützenbundes, ausgearbeitete Satzung sah vor:

*„Der Zweck des Deutschen Schützenbundes ist
die Verbrüderung aller deutschen Schützen, Vervollkommnung in der Kunst des Büchsenschießens und Hebung der Wehrfähigkeit des Deut-
schen Volkes."*

Als Bundesfarben wählte man „Schwarz-Rot-Gold" und hielt an diesen Farben auch nach 1871 fest.

Sport im heutigen Sinne kam in der Satzung nicht vor, denn er war 1861 noch völlig unbekannt. Ein zeitgenössisches Lexikon erklärt den Begriff „Sport" so:

*„Sport, engl., Scherz, Spiel, dann Vergnügungen,
zu denen Kraft u. Gewandtheit gehört, namentlich Reiten und Jagd; S.smen, Leute, welche es
mitmachen."*

Auch „Pierers Universallexikon" [8] führt zum Begriff „Sport" aus:

> „Sport (engl.), 1) Spiel, Lust, Scherz, Belustigung, ländliches Vergnügen; bes. 2) alle Vergnügungen, welche körperliche Gewandtheit u. Kraft, sowie persönlichen Muth erfordern, als Wettrennen zu Roß (R e i t s p o r t), Jagd etc. Bei der Vorliebe der Engländer für dergleichen Vergnügungen ist das Sportwesen namentlich in England unter allen Klassen der Gesellschaft am meisten ausgebildet u. zu einer Art Kunst u. Wissenschaft entwickelt, deren Kenntniß dem vollendeten Gentleman unentbehrlich ist. ..."

„Sport" war danach also etwas, das englische Gentlemen zu ihrem Vergnügen taten und hatte nichts mit dem Anliegen des Schützenbundes zu tun.

Der Schützenbund orientierte sich am Vorbild des Schweizer Schützenbundes. Mitglied werden konnte:

> „... jeder Deutsche, welcher im Vollgenuss der staatsbürgerlichen und Ehrenrechte seines Heimathlandes und Mitglied eines Deutschen Schützen- oder Wehrvereins ist."

Die Mitgliedschaft im Schützenbund musste jährlich erneuert werden, der Beleg dafür war die Mitgliedskarte. Mit dem Lösen der Mitgliedskarte war ein Schütze unmittelbares Mitglied des Deutschen Schützenbundes, nicht aber der Verein, dem er angehörte. Die Ursache dafür waren die Vereinsgesetze einiger deutscher Staaten, die einen überre-

---

[8] Pierers Universallexikon, Band 16, S. 587, Altenburg; 1863.

gionalen Zusammenschluss von Vereinen verboten[9].

Die Mitglieder des Schützenbundes kamen fast ausschließlich aus dem Bürgertum[10], waren in Süddeutschland „begüterte Leute aller Klassen", in Norddeutschland „vermögende Leute der besseren Bürgerkreise", waren also kein „Querschnitt der Bevölkerung". Noch 1930 fanden sich in den Voraussetzungen für die Mitgliedschaft in einem Schützenverein Formulierungen wie diese[11]:

> *„Jeder unbescholtene selbständige Gewerbetreibende, oder der sich in gleicher achtbarer gesellschaftlicher Stellung befindet, kann Mitglied werden, ..."*

---

[9] DSWZ 1862 Nr. 13
[10] DSWZ 1891 Nr.1
[11] Satzung der Schützengesellschaft Concordia zu Rostock, in der Fassung vom 23.April 1930

Das deutsche Bundesbanner.
Vordere Seite.

12

Banner des Deutschen Schützenbundes (Vorderseite)

Bereits kurz nach seiner Gründung gab der Schützenbund eine eigene Zeitung heraus. Da man den Anspruch hatte, dass die Schützen Teil der bewaffneten Macht wären, nannte sich die Zeitung „Deutsche Schützen- und Wehrzeitung" und enthielt auch Artikel zu militärischen Themen.

---

12 Die Gartenlaube, 1862

In den Jahren nach 1890 wurde die innere Organisation des Schützenbundes modernisiert. So schloss der Schützenbund 1890 eine Zieler-Unfallversicherung ab, der 1897 eine Haftpflichtversicherung für Schützengesellschaften folgte. Schloss sich der Verein dieser Versicherung an, wurden alle seine Mitglieder automatisch Mitglieder im Deutschen Schützenbund. Nach einer längeren Diskussion wurde 1897 eine ständige Geschäftsstelle in Nürnberg eingerichtet. All das wirkte sich positiv auf die Mitgliederentwicklung aus. Gab es 1889 5.021 Mitglieder, stieg ihre Zahl 1891 auf 9.693. Auf den Schießbetrieb in den Vereinen hatte diese Modernisierung aber keine Auswirkungen, man schoss weiterhin stehend freihändig, genau wie 1861. Selbst nachdem die Schützen anderer Länder längst kniend und liegend schossen, hielt man im Schützenbund am Anschlag „stehend freihändig" fest.

1906 wurde die Redaktion der „Deutschen Schützen- und Wehrzeitung" von Bremen nach Nürnberg verlegt. Gleichzeitung wurde der Titel in „Deutsche Schützenzeitung" geändert. In einem redaktionellen Beitrag[13] wird die „Deutsche Schützenzeitung" jetzt ausdrücklich als „Sportzeitschrift" bezeichnet, enthielt aber weiterhin auch Beiträge zu militärischen Themen.

Eines der in der Satzung festgelegten Ziele des Deutschen Schützenbundes war die Hebung der Kunst des Büchsenschießens. Neben der Verbesserung der Schießfertigkeit (die als Teil der „Hebung

---

[13] DSZ 1906 Nr. 1

der Wehrfähigkeit" gesehen wurde) wollte der Schützenbund durchsetzen, dass ausschließlich auf die Entfernungen von 175m (Standschießen) und 300m (Feldschießen) geschossen wurde. Zudem wollte der Schützenbund das Aufgelegt-Schießen zurückdrängen. Allerdings konnte er sich mit diesen Forderungen nicht durchsetzen, denn die Schießpraxis in den Vereinen wurde vor allem durch Tradition und regionale Eigenheiten geprägt.

In vielen Vereinen (insbesondere in Nord- und Mitteldeutschland) wurde nach wie vor auch aufgelegt geschossen. Noch 1910 wird in einem Beitrag[14] über das Deutsche Schützenwesen festgestellt:

> *„Ein weiterer Nachteil des heutigen Schützenwesens ist die grosse Bevorzugung des Aufgelegtschiessens; besonders in Berlin und in Norddeutschland überhaupt werden sehr viele Schiessen nur aufgelegt abgehalten, ..."*

Beim 5. Mecklenburgischen Landesschützenfest 1876 in Wismar[15] wurden auf 114m 10 Scheiben für aufgelegtes Schießen aufgestellt, und in Bayern schoss man auf die in der bayerischen Schützenordnung festgelegte Entfernung von 130m.

Schon kurz nach der Gründung brach im Schützenbund ein Streit zwischen nord- und süddeutschen Schützen aus, wie der Begriff „stehend frei" zu interpretieren sei, ob beim freihändigen Anschlag der Ellenbogen am Körper abgestützt werden durfte oder nicht. Die bayerische Schützenordnung von 1796 hatte festgelegt:

---

[14] SuW 1910 Nr. 4
[15] DSWZ 1876 Nr.23

„... auch soll der Schütze sich nirgends an- oder auflehnen, und den Arm frey schwebend, das ist, so erhalten, daß der Ellbogen nicht an dem Leib anliege, sondern wenigstens zwey Finger breit von selbem entfernt stehe."

Diese Festlegung wurde noch 1844 eingehalten[16]:

„Der Oberarm erhält eine Stellung, daß der Ellenbogen 5 – 8 Zoll vom Körper entfernt wird. Der linke Arm soll frei seyn und der Ellenbogen nicht an den Körper anliegen, welches nach bayerischer Schützen-Ordnung gar nicht gestattet werden soll."

Im 1862 erschienenen „Deutschen Schützenbuch" wird dieses Thema aufgegriffen und erklärt:

„Was heißt Freihandschießen? Antwort: Wenn der Schütze für seine Waffe keinen äußern festen Unterstützungspunkt bedarf und daher auf freiem Felde oder anderwärts sofort nach allen beliebigen Richtungen zu schießen vermag ...
Es muß hier noch ausdrücklich erwähnt werden, daß der Ausschuß des deutschen Schützenbundes, der am 10. November 1861 in Braunschweig tagte, insofern gegen die frühere Schießordnung beim Gothaer Nationalschießen vorging, daß die eben in Schutz genommene Armstütze an den Körper künftighin gestattet ist ..."

Die Treffer beim Schießen wurden vom (im Zielergraben oder in einem schusssicheren Unterstand stehenden) Zieler (auch Zeiger genannt) angezeigt. Der Schütze übernahm das Ergebnis und trug es

---

[16] Beyer. C.C.: Meine Erfahrungen bei dem Scheibenschießen

in die Schießkladde ein. Da im Winter die Bedingungen auf den offenen Ständen für die Zieler nicht zumutbar waren, wurde üblicherweise nur von Ostern bis Ende Oktober geschossen. Bei größeren Wettbewerben wurde der Treffer von einem Schreiber eingetragen. Auf dem Bild der Schießhalle in Gotha (1861) sind die neben dem stehenden Schützen sitzenden Schreiber zu erkennen.

Das Schützenfest in Gotha.   17

Die Trefferaufnahme durch einen Zieler und die Registrierung des Treffers durch einen Schreiber blieb lange üblich, wie das Bild auf Seite 189 zeigt.

Nach dem Krieg von 1866, der zur Auflösung des Deutschen Bundes und zur Gründung des norddeutschen Bundes führte, geriet der Schützenbund in eine Krise. Die Tiroler Schützen verließen den Deutschen Schützenbund, seine Mitgliederzahl sank.

---

17 Das festliche Jahr

Auch nach der Reichsgründung gab es einen Mitgliederschwund, denn viele Mitglieder hielten das 1861 aufgestellte Ziel der „Verbrüderung aller Deutschen" jetzt für erfüllt und verließen den Bund.

Der Schützenbund hatte in seiner 1861 verfassten Satzung eine „Deutsche Schützenwaffe" (siehe dazu ab Seite 27) festgelegt. Da schon 1868 beim Bundesschießen in Wien die ersten Hinterlader zu sehen waren, wurde bei der Vorbereitung des Bundesschießens 1872 in Hannover darüber beraten, ob nicht bereits für dieses Bundesschießen eine neue „Deutsche Schützenwaffe" definiert werden sollte. Sie sollte ein Hinterlader sein und sich vom zukünftig beim Militär üblichen Gewehr ableiten[18]. Allerdings sprachen sich alle Diskussionsbeiträge gegen eine solche, aus ihrer Sicht verfrühte, Festlegung aus, denn[19]:

„Der richtige Hinterlader mit Einheitspatrone ist noch nicht festgestellt. Wer soll daher dem großen Teile der Schützen, der bereits und größtenteils mit den besten, teuersten Vorderladern ausgestattet ist, neuerdings zumuten, nun plötzlich wieder einen beliebigen Hinterlader anzuschaffen, ..."

Andere argumentierten[20]:

„ ... dass das Experimentieren mit neuen Waffen seit 1861 den einzelnen Mitgliedern des deutschen Schützenbundes bereits viele Kosten

---

[18] DSWZ 1872 Nr. 2
[19] DSWZ 1872 Nr.1
[20] DSWZ 1872 Nr. 1

verursacht habe, und da man jetzt in den Büchsen mit Polygonalzügen sehr gute Gewehre besitze, und da es ja auch bei den Hinterladern noch nicht einmal feststehe, welches System endgültig adoptiert werden soll, so sprach man sich einstimmig gegen jede Änderung aus."

Der Hinweis[21] auf die nicht ausreichende Präzision der ersten Hinterlader war durchaus berechtigt.

„Der Rücklader ist unbestreitbar eine wichtige Erfindung in der Kriegstechnik, doch ist noch lange nicht bewiesen, dass derselbe dem Vorderlader in Bezug des genauen, egalen Schusses gleich kommt, ...
Der Rücklader ist für das Militär in Bezug des Schnellfeuers von wesentlichem Nutzen; die Lustschützen aber verlangen von ihren Büchsen, dass sie äußerst präzis schießen, so zu sagen Kugel auf Kugel setzen, dies leistet bis jetzt ein Rücklader noch nicht, ..."

Letztlich gab es keinen Beschluss über eine neue Einheitswaffe, sondern lediglich eine Empfehlung an die Schießkommission[22]:

„...so empfehlen wir der Schießkommission nachstehendes Programm:
1) Rücklader
2) Armeepatrone
3) Abzug – (oder einfacher Stecher)
4) Offenes Korn und offenes Visier auf dem Lauf
5) Bajonett-Vorrichtung
6) Gewicht bis 11 oder 12 Pfund"

---

[21] DSWZ 1872 Nr. 6 (Beilage)
[22] DSWZ 1872 Nr. 5

Diese Empfehlung blieb ohne praktische Wirkung, denn die Entwicklung war so rasant, dass eine Konstruktion schon wieder veraltet war, ehe die Schießkommission darüber beraten konnte.

Die Ablösung der Vorderlader verlief langsamer als heute oft angenommen wird, der letzte Schütze mit einem Vorderlader trat auf dem 13. Bundesschießen 1900 in Leipzig an[23], auch wenn nach dem Münchener Bundesschießen 1881 Vorderlader schon die Ausnahme waren. Alle Büchsen waren beim Schießen gleichberechtigt, unabhängig von Ladeweise und Kaliber.

In einem längeren Entwicklungsprozess, in den sowohl sportliche Aspekte als auch neue Erkenntnisse der Waffen- und Munitionsentwicklung einflossen, entstand nach 1875 aus der Vorderlader-Scheibenbüchse der Feuerstutzen.

Aus einem zeitgenössischen Foto

---

[23] DSZ 1930 Nr. 52

Trotz seines altertümlichen Aussehens ist der Feuerstutzen eine optimal auf den stehend freihändigen Anschlag abgestimmte Hochleistungswaffe. Diese Abstimmung auf den stehenden Anschlag war gleichzeitig auch die größte Schwäche des Feuerstutzens, denn sie verhinderte, dass mit einem Feuerstutzen kniend oder liegend geschossen werden konnte. Das führte letztlich dazu, dass das deutsche Schützenwesen spätestens 1895 international nicht mehr konkurrenzfähig war.

Ein guter Feuerstutzen war teuer. Eine Berliner Zeitung[24] rechnete vor:

> *„… daß in Verbindung mit den theuren Ausgaben für das Schießen selbst, ein leidlich bemittelter Mensch von den jetzigen Schützenvereinen ausgeschlossen ist. Ein Stutzen, wie er gegenwärtig allgemein angewendet werden muss, wenn man überhaupt mit einiger Aussicht auf Erfolg mitkonkurrieren will, kostet nebst Zubehör mindestens Mk. 180 bis 250."*

180 bis 250 Mark waren damals sehr viel Geld, auf jeden Fall mehr als das Doppelte des Monatsverdiensts eines Lehrers an einer Volksschule.

Die allgemeine Einführung einer für das Liegend- und Kniend-Schießen geeigneten Waffe war schwer durchzusetzen, denn längst nicht jeder Schütze konnte (oder wollte) das Geld für eine zusätzliche Waffe aufbringen.

---

[24] Nachdruck in DSWZ 1891 Nr. 1

Ab 1880, vermehrt nach dem Bundesschießen in Berlin 1890, gab es Stimmen, die die Erstarrung des Sportbetriebs beklagten und Reformen anmahnten, denn der Schützenbund war auf dem Stand von 1861 stehen geblieben. In einem Beitrag[25] wird zu dem Thema ausgeführt:

> *„In Anbetracht der eben obwaltenden Verhältnisse werden wir Scheibenschützen nun wohl oder übel uns zwar noch länger damit begnügen müssen, aber als Idealzustand wird dieses Schießen in Anbetracht der eben immer fortschreitenden Waffen-Technik wohl niemand bezeichnen wollen."*

Manche Schützen verbanden die Forderung nach Veränderungen mit der Forderung, das Armeegewehrschießen in das Schießprogramm[26] aufzunehmen.

> *„... Schon deshalb sollte man nicht zu beharrlich in der deutschen Schießordnung am Alten festhalten. – Da ist zunächst das Schießen mit Armeegewehren, was bisher keine Berücksichtigung gefunden hat. ... Das hier mit einer Reform, wenn auch nach und nach, begonnen werden muß, halte ich für zeitgemäß und dabei kann auch den Wünschen nach knieend und liegend Schießen Rechnung getragen werden."*

Andere Schützen sahen den Rückgang des Interesses am Schützenbund darin[27], dass er einen Teil seiner 1861 verkündeten Ziele erfüllt hatte, während andere Ziele unerfüllbar blieben:

---

[25] DSWZ 1900 Nr 8
[26] DSWZ 1884 Nr. 18
[27] DSWZ 1897 Nr. 48

> *„Die Ursachen der geringen Betheiligung am*
> *Scheibenschießen liegen in den Zeitverhältnis-*
> *sen, welche demselben infolge der wirthschaftli-*
> *chen und politischen Veränderungen recht un-*
> *günstig sind. Nachdem durch Einführung der*
> *stehenden Heere, Vervollkommnung der Bewaff-*
> *nung und verbesserte Strategik, welche eine*
> *gründliche Ausbildung des einzelnen Mannes*
> *nothwendig machen, an die Einführung von Mi-*
> *lizheeren nicht mehr gedacht werden kann;*
> *nachdem ferner das Streben des deutschen Vol-*
> *kes nach nationaler Einheit verwirklicht ist, fehlt*
> *eine der Ursachen, welche dem Schützenwesen*
> *Aufschwung gaben und die hauptsächlichste*
> *Veranlassung zur Gründung des Deutschen*
> *Schützenbundes war. Bekanntlich glaubten die*
> *Gründer des Bundes, eine theilweise Wehrhaft-*
> *machung des Volkes durch die Schützen zu er-*
> *reichen. Diese auf Einheit und Freiheit des deut-*
> *schen Vaterlandes gerichteten Bestrebungen*
> *sind heute gegenstandslos …“*

Die Gewinnung neuer Mitglieder wurde schwieri-
ger, da das Schießen Konkurrenz durch neue, vor
allem preiswertere Sportarten bekam. So klagte[28]
der stellvertretende Vorsitzende des Schützenbundes, Ritter v.Dall'Armi:

> *„Leider werden uns durch die vielen neuen Spor-*
> *te, hauptsächlich das Radfahren, viele junge*
> *Leute entzogen …“*

Der Schützenbund bedurfte dringend einer Reform.
Nicht jedes Mitglied wollte akzeptieren, dass Schießen ausschließlich zum Sport geworden war. Die

---

[28] DSWZ 1897 Nr.51

darüber hinaus in den Vereinen und Gilden bestehenden Probleme wurden aber durchaus erkannt[29]:

> *„Ein grosser Mangel der jetzigen Scheibenschies-*
> *sen vieler Schützenvereine besteht in dem Fehlen*
> *eigentlicher Übungsschiessen, bei welchen*
> *schwächeren Schützen systematischer Unterricht*
> *im Schiessen und den übrigen Schützen Gele-*
> *genheit zum Üben geboten wird. Die Schiesstage*
> *der einzelnen Vereine werden mit bestimmten*
> *Schiessen auf Ehrenscheiben, um Prämien usw.*
> *ausgefüllt, eine richtige Schulung der Schützen*
> *fehlt fast überall. ...*
> *Der grösste Fehler unseres deutschen Schützen-*
> *wesens besteht jedoch in der allzustarken Her-*
> *vorhebung von Äusserlichkeiten, in der Veran-*
> *staltung allzuvieler Festlichkeiten. ... Stramme*
> *Schiessausbildung und harte sportliche Arbeit*
> *sind unseren Schützen unbekannte Begriffe, ..."*

Dem Schützenbund (und den Vereinen) fehlte die
Kraft zur Veränderung. Ein Zeichen für eine Erstarrung im Schützenbund war, dass es ihm nicht
gelang, neue Schießdisziplinen zu integrieren. So
klagten[30] Pistolenschützen bei der Vorbereitung
des Bundesschießens 1900 in Leipzig über eine
mangelnde Unterstützung und gründeten am 2.
Dezember 1900 einen selbständigen deutschen
Pistolenschützenbund[31]. In einem längeren Arti-

---

[29] SuW 1910Nr. 4
[30] DSWZ 1900 Nr. 14
[31] DSWZ 1900 Nr.51 und 52

kel[32], überschrieben mit „*Was userm Deutschen
Schützenwesen not tut.*" schrieb Peter Lorenz:

> „*Daß das deutsche Schützenwesen einer Reor-
> ganisation bedarf, haben uns eingehend und
> deutlich die zwei letzten Feste in Hamburg und
> Frankfurt a.M. gezeigt.*
> *Nicht das Armeegewehr usw. usw. ist es, was
> ich im Auge habe; dies kommt erst in zweiter Li-
> nie, sondern die Grundpfeiler unseres Schießwe-
> sens sind es, die der Gesundung bedürfen.*"

Außenstehende bescheinigten den Schützen Ge-
winnsucht und mangelnden Sportsgeist[33].

> „*Unser Schützenwesen dient in erster Linie der
> Pflege der Geselligkeit. Von wenigen Ausnahmen
> abgesehen fehlt unseren Schützen sogar jeder
> Sportsgeist. Es kommt den Meisten nicht auf die
> Leistung an, sondern auf den Gewinn. Für
> Übungen, die bei Preisschießen nicht vorkommen
> oder nur schlecht dotiert werden, haben sie kein
> Interesse.*"

Und selbst in der Schützenzeitung[34] finden sich
Sätze wie:

> „ *... denn heute sind die Bundesschießen schon
> kein Waffenspiel mehr, wo es um die Ehre geht,
> sondern ein „Jeu"* [Glücksspiel] *um hohen Ein-
> satz.*"

---

[32] DSZ 1912 Nr. 39
[33] SuW 1912/13
[34] DSZ 1912 Nr. 34

Die Hebung der Wehrfähigkeit

Das in der 1861 ausgearbeiteten Satzung[35] festgelegte Ziel der *„Hebung der Wehrfähigkeit des Deutschen Volkes"* beschäftigte die Führung des Schützenbundes bis zu seiner Satzungsänderung von 1921. Die Mitglieder sahen die Funktion[36] des Schützenbundes in den ersten Jahren nach seiner Gründung vor allem darin, neben dem stehenden Heer als Milizarmee und Reserve für den Kriegsfall bereit zu stehen:

> *„Das Streben nach Einigung, nach der Ausbildung großer nationaler Organismen, …, hat schon seit geraumer Zeit auch die deutschen Schützen erfaßt. …. Bei diesem Streben nach Einigung, nach Verbrüderung ist aber gleichzeitig das Bedürfniß rege geworden, die Wehrfähigkeit der deutschen Jünglinge und Männer zu befördern, Einrichtungen ins Leben zu rufen, durch welche dem bedrohten Vaterlande auch abgesehen von den stehenden Heeren ein Schutz gesichert werden könne."*

Selbst militärische Fachleute, die ein Milizheer und eine allgemeine Volksbewaffnung befürworteten, hatten für solche Ideen nur Spott übrig[37]:

> *„Wer die Elemente dieses Schützenbundes ansieht, lauter angesessene, wohlhabende Leute, Familienväter, die gar keine große Lust haben, in's freie Feld zu ziehen, zum nicht kleinen Theil*

---

[35] Satzungen des Deutschen Schützenbundes, Gotha 1861

[36] DSWZ 1861 Nr. 6

[37] Rüstow, W.: Von der zweckmäßigen Heeresbildung …

*mit wohlgenährten Bäuchen, wer die Einseitig-
keit der Uebung -im bloßen Schießen- berücksichtigt, wer die Masse kleiner Eitelkeiten, zu deren
Befriedigung die alten Schützengilden dienen,
auf deren Boden doch wieder vorzugsweise der
Schützenbund aufgerichtet wird, wer endlich eine Zählung anstellt, und die geringe Zahl der
Mitglieder des Deutschen Schützenbundes er-
wägt, der wird wohl auch nicht von ferne daran
denken, in demselben den Kern einer militärischen Organisation erblicken zu wollen, wie sie
Deutschland anpassend sein würde."*

Die Deutsche Schützenwaffe

In einem mit St. gezeichneten Artikel[38] mit der
Überschrift „Was wollen wir? Wie erreichen wir`s?"
finden sich folgende Sätze:

*„...Wir wollen Männer und Jünglinge fähig ma-
chen, das große deutsche Vaterland zu schützen
und zu schirmen in drohenden Gefahren. ... Wir
erreichen es dadurch, daß wir den Jünglingen
Waffen in die Hand geben, mit denen sie angrei-
fen und abwehren können, tüchtige, gleichmäßige Waffen, sichere, weittragende Büchsen, die
nicht bloß zum Spiele dienen, die geeignet sind,
in Wind und Wetter getragen zu werden, ..."*

Nach einer kontrovers geführten Diskussion beschloss der Schützenbund die Einführung eines
einheitlichen Gewehrs (mit Bajonett). Mit der Einführung dieser „Deutschen Schützenwaffe" verfolg-
te man nicht nur sportliche Ziele[39]:

---

[38] DSWZ 1862, Nr. 19
[39] DSWZ, 1861 Nr. 11

„Wir werden dann eine Büchse haben, welche beim Scheibenschießen ebenso ausgezeichnet ist, als im Feld; wir werden eine Freude an unserer Waffe haben und so die männliche Schützenlust beleben, welche einem Volke nothwendig ist, wenn tüchtige Scharfschützen aus ihm hervorgehen sollen."

Man wollte also eine Büchse, die auch als Bewaffnung von Freiwilligenverbänden dienen könnte[40].

„Für die Wahl derselben war maßgebend, daß sie dienen sollte zur Bewaffnung der gegen den äußeren Feind im Notfall zu verwendenden Mannschaften. Deshalb war sie einer Militärwaffe – dem Schweizer Jägergewehr – nachgebildet, mit Vorrichtung zum Aufstecken einer Stoß- und Hiebwaffe versehen, leicht zu handhaben. Einheitliches Kaliber war vorausgesetzt."

Die Maße der „Deutschen Schützenwaffe" wurden im §56 der Satzung festgelegt. Nur mit dieser Waffe durfte auf die Feldscheiben geschossen werden.

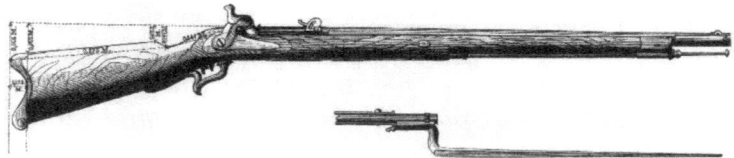

„Auf die Feldscheiben (300m. Entfernung) darf nur mit der deutschen Schützenwaffe geschossen werden. Diese Waffe hat einen einschließlich der Patentschraube 0,84 Meter langen gezogenen Lauf, der bis hinter das Absehen (Visir) achtkantig, dann bis zur Mündung rund ist. Fig. 13. Ab-

---

[40] DSWZ, 1882 Nr. 2

sehen mit Klappe und Korn sind offen. Die Waffe ist durchaus – bis 0,08 Meter vor der Mündung – geschäftet. Die Kolbennase a darf höchstens 0,033 Meter, das Kolbenende höchstens 0,066 Meter von der geraden Linie abstehen, die man sich über die Oberfläche des Laufes gezogen denkt. Die Kappe darf höchstens einen Einschnitt von 0,028 Meter haben. Der Kolben hat keine Backen. Die Waffe ist versehen mit einfachem Feldstecher und Abzugsbügel mit nur einem Griff. Die Waffe ist versehen mit Vorrichtung zum Aufstecken eines Bajonnets und mit eisernem Ladestock. Das Geschoß hat einen Durchmesser von 0,010 bis 0,011 Meter. Die Waffe darf einschließlich Bajonnet höchstens 12 Pfund wiegen.

Außer der deutschen Schützenwaffe werden ausnahmsweise solche gezogene Gewehre zugelassen, welche

- *mit Vorrichtung zum Aufstecken eines Bajonnets,*
- *mit offenem Absehen und Korn,*
- *mit einfachem Feldstecher[41] versehen sind und*
- *ausschließlich Bajonnets höchstens 12 Pfund wiegen".*

Jeder Büchsenmacher konnte ein solches Gewehr herstellen. Bei der Firma Schilling in Suhl kostete:

- *„Eine gewöhnliche Büchse mit Bajonnet, Feldstecher, 10½ mm. Kaliber, Gußstahl-*

---

[41] Unter einem „Feldstecher" verstand man damals einen Stecher, dessen Abzugszüngel auch ohne einzustechen ein Schuss lösen konnte.

*rohr (deutsche Schützenwaffe)" im Jahre
1862 genau 24 Taler."*[42]

Der preußische Major Caesar Rüstow schrieb im
1864 erschienenen zweiten Band seines Buches
„Die Kriegshandfeuerwaffen" über das deutsche
Schützengewehr:

> *„… Alle jene entwickelten vortrefflichen Eigen-
> schaften des Schweizer Stutzen sind denn auch
> die Veranlassung gewesen, dass der Ausschuss
> des im Jahre 1862 unter dem Präsidium des
> Herzogs von Coburg gegründeten allgemeinen
> deutschen Schützenbundes, - der es sich zur
> Aufgabe gemacht, dass bürgerliche Schießen der
> Schützenvereine von allen im Laufe der Zeit ihm
> angewachsenen Firlefanz zu befreien und an die
> Stelle eines bis zur Spielerei verkünstelten nicht
> Ge-, sondern Missbrauchs der Waffe einen Be-
> trieb der Schießübungen zu setzen, welcher ei-
> nen derartigen Gebrauch der Waffe im Kriege
> vorbereitet und somit auf eine Stärkung des va-
> terländischen Wehrwesens hinarbeitet – jene
> Waffe, wenn auch mit einigen und zwar zweck-
> mäßigen Abänderungen, als deutsche Schüt-
> zenwaffe angenommen hat. Dieselbe ist demge-
> mäß eine Kriegswaffe und folglich unserer be-
> sonderen Aufmerksamkeit wert, …"*

Längst nicht alle Mitglieder des Schützenbundes
waren mit der Einführung dieses Gewehrs einverstanden[43]:

---

[42] Heinrich Kummer: Deutsches Schützenbuch, Teil 1:
Der Praktische Büchsenschütze.
[43] DSWZ 1862 Nr. 19

„Wenn auch wir die die Tüchtigkeit dieser Waffe durchaus nicht in Zweifel ziehen können, so drängt sich uns doch die Frage auf: „Wird der Ordonnanz-Stutzen auch in Zukunft allen Anforderungen entsprechen?" Die Schützen wollen und müssen eine Waffe haben, die nicht nur zeitgemäß ist, sondern es auch bleibt ... Aus diesem Grunde scheint uns die Frage gerechtfertigt: Sollen die Mitglieder des deutschen Schützenbundes sich jetzt eine theure Waffe anschaffen, die vielleicht schon nach zehn Jahren hinter den Feuerwaffen der Armeen zurückstehen wird, ..."

Eine lange und ruhmreiche Geschichte war der Deutschen Schützenwaffe nicht beschieden[44].

„Das Streben nach einer Einheitswaffe machte sich schon vor zehn Jahren bei uns fühlbar; es wurden in Folge dessen bei dem Frankfurter Schützenfeste auf Feldscheibe nur ausschließlich der Stutzen (Schweizer-System) mit Bajonetthilfe zugelassen. In Folge dessen schafften sich viele Schützen solche Gewehre an, diese wurden aber in aller Kürze durch den Polygonalstutzen überholt."

Dass das nicht nur eine Einzelmeinung war, wird rückschauend[45] von anderen Schützen bestätigt.

„Was aber früher mit dem Ordonnanzstutzen erreicht worden ist, braucht wohl nicht erst wieder in Erinnerung gebracht zu werden. Wie bald verschwanden diese Gewehre, um anderen Waffen Platz zu machen."

---

[44] DSWZ 1872 Nr. 2
[45] DSWZ 1884 Nr. 3

Dem Schützen stellte §57 der Satzung frei, ob er mit oder ohne Bajonett schoss. Eine Halterung für ein Bajonett war aber vorgeschrieben.

Schütze mit Schützengewehr und Bajonett, am Hut Trefferzettel

Das Feldschießen galt als Vorbereitung für einen militärischen Einsatz. Deshalb orientierten sich seine Regeln am Schießen der Scharfschützen. Im §53 der Satzung war festgelegt:

„Die Feldscheiben sind Mannscheiben."

Die Form und Größe dieser Scheiben waren in den Paragraphen 54 und 55 der Satzung festgelegt:

„Die Höhe der Feldscheiben muss betragen	*2 m*
Die Breite	*1,20m*
Die Höhe des Mannes	*1,65 m*
Die Breite des Kopfes und Halses	*0,24 m*
Die Höhe des Kopfes und Halses	*0,24 m*
Die Breite der Brust und des Rumpfes	*0,60 m*
Die Höhe der Brust und des Rumpfes	*0,66 m*
Die Breite des unteren Theiles	*0,30 m*
Die Höhe des unteren Theiles	*0,75 m*

Der Rand der Feldscheibe ist weiß, die Farbe des Mannes ist schwarz."

An der Fiktion, das Feldschießen sei eine militärische Übung, wurde noch 1884 festgehalten.

„Das Schießen auf 300m Entfernung soll ein feldmäßiges sein, der Soldat hat auf seinem Gewehr kein Diopter und kann auch keins brauchen. Auch das Scheibenbild bei dieser Entfernung war und ist darauf eingerichtet, dass – wie man zu sagen pflegt - nach dem Strich, nicht nach dem Punkt geschossen werden soll."

Bereits beim Bundesschießen in Wien (1868) wurden neben der „Deutschen Schützenwaffe" auch andere Gewehre beim Feldschießen zugelassen. Im Entwurf der Schießordnung[46] heißt es bei den für das Feldschießen zulässigen Waffen:

---

[46] DSWZ 1867 Nr. 36

"Ausnahmsweise sind einstweilen solche Waffen zulässig, welche höchstens 12 Pfund wiegen, mit Vorrichtung zum Anstecken eines Bajonetts versehen sind, einen Feldstecher, offenes Feldkorn und Feldabsehen haben."

Und beim Bundesschießen 1872 in Hannover wurde auch die Forderung nach einer Bajonetthalterung fallen gelassen.

Für die Schützen war das eine Erleichterung, denn nun konnten sie mit der gleichen Waffe sowohl am Feld- als auch am Standschießen teilnehmen, wenn ihre Büchse einen abnehmbaren Diopter und eine aufsetzbare offene Visierung (das sog. Feldvisier) hatte.

Laufoberseite mit Schiene und Feldvisier

Als bei der Vorbereitung des Bundesschießens 1878 in Düsseldorf eine Diskussion über die Zulassung des Diopters auch beim Feldschießen entbrannte, schrieb ein Schütze:

"Unser Scheibenschießen ist in erster Linie immer ein Vergnügungsschießen, weshalb will man also nicht jedem Schützen gestatten, sich dies Vergnügen so mundgerecht als möglich zu machen. .... Unser Schießen soll ja auch in zweiter Linie ein Kunstschießen sein; das Scheibenbild zu treffen genügt nicht, sondern man strebt da-

nach, recht viele Kernschüsse (Neunzehner und Zwanziger) zu liefern, und aus diesem Grunde hat man schon vor der Standscheibe allgemein den Diopter als bestes Hülfsmittel zugelassen. Weshalb aber will man die Benutzung des Diopters nicht auch vor der Feldscheibe gestatten, ... Einen wirklich triftigen Grund kann Schreiber dieses dafür nicht auffinden, es sei denn, dass unser Schießen vom militärischen Standpunkte betrachtet würde, alsdann müsste jedoch auch vor der Standscheibe der Diopter wieder verschwinden."

Andere Mitglieder forderten dagegen unter Berufung auf das in der Satzung festgelegte Ziel der „Wehrhaftmachung" das Schießen mit Armeegewehren und sprachen sich gegen die Verwendung des Diopters aus.

Spaltabsehen (Gabelvisier)

Als Kompromiss wurde von der Schießordnungskommission das Spaltabsehen (Gabelvisier) zugelassen. Es galt als „offene Visierung" und wurde in die Diopterhalterung gesteckt. Schon vor 1914 wurden Diopter entwickelt, bei denen nach Abnahme der Diopterscheibe das Spaltabsehen sichtbar wurde. Das Feldschießen wurde so zu einer rein sportlichen Übung.

47

Diopter mit nach Abnahme der Diopterscheibe sichtbar werdendem Spaltabsehen

Die Entstehung des Wehrmannsgewehrs

Nach dem Krieg von 1870/1871 gab es im Schützenbund Diskussionen über das in der Satzung festgelegte Ziel der *„Hebung der Wehrfähigkeit des deutschen Volkes"*. Etliche Mitglieder sahen das bürgerliche Schießen nicht als Beitrag zur Hebung der Wehrfähigkeit. So schrieb[48] ein S-n aus Stolberg in Sachsen:

„... Es gibt nun aber Schützen ... die nicht dafür schwärmen, ... schießen zu lernen, um einmal Deutschland für den Fall der Not retten zu helfen. - Wir hier schießen allerdings zu letzterem Zwecke gar nicht, sondern es ist Lust und Liebe zum Freihandschießen nach der Scheibe die Triebfeder, welche uns im Gange erhält, ..."

---

[47] Schützenkalender 1913
[48] DSWZ 1872 Nr. 3

A. Mannory aus Berlin schrieb in einem Beitrag[49]:

„Wir wollen kein Kriegsheer ausbilden, wollen uns selbst auch nicht als eine Kriegsmacht betrachten, die nötigenfalls selbsttätig als solche einzugreifen hätte; wer bei uns und mit uns das anstrebt, darin etwa die Hebung der Wehrfähigkeit des deutschen Volkes erblickt, der, glaube ich (und mit mir gewiss die größte Zahl der deutschen Schützen), gibt sich einer fruchtlosen Illusion hin und wird bei den deutschen Schützen wenig Unterstützung finden. Als Schützen werden wir nicht in den Fall kommen, in's Feld rücken zu müssen, daher ist eine Feldwaffe [hier: Militärgewehr] für uns keine Notwendigkeit."

In der Vorbereitung des Bundesschießens 1872 in Hannover erschien ein von 15 Schützen aus Leipzig gezeichneter Beitrag[50], in dem es hieß:

„... denn wir sind keine Soldaten und unsere Schießübungen sollen auch keine militärische Ausbildung sein."

Andere Mitglieder des Schützenbundes waren dagegen der Meinung, der Schützenbund hätte die Pflicht, zur Hebung der Wehrfähigkeit beizutragen. Allerdings gab es eine inhaltliche Veränderung bei diesem Gedanken. Sahen sich die Schützen in den ersten Jahren nach der Gründung des Schützenbundes noch selbst als Teil der bewaffneten Macht, sollte nun die „Hebung der Wehrfähigkeit" dadurch erreicht werden, dass man die Schießfertigkeit der Jugend und der Reservisten verbesserte.

---

[49] DSWZ 1872 Nr. 6
[50] DSWZ 1872 Nr. 15

Auf dem siebenten mitteldeutschen Bundesschießen in Berlin[51] (1882) fand auch ein Schießen mit
Armeegewehren auf 175m und 300m statt.

„Besondere Würdigung verdient, dass die Fest-
unternehmer noch ein sogenanntes Wehrmanns-
Schießen mit ausschreiben, auf welches auf-
merksam zu machen wohl am Platze ist. ... Nur
Militair-Gewehre sind zulässig. Diese werden mit
der Munition vom Schieß-Comité geliefert."

Allerdings war dieses Schießen kein Erfolg. In einem 1884 erschienene Artikel wurde dieses Schießen so ausgewertet[52]:

„Die Resultate waren recht ungünstige. Wenn
man nicht die Schuld der Munition oder anderen
technischen Ursachen beimessen will, so kann
man angesichts dieses Schießens behaupten,
dass sonst geübte Feinschützen hier als Stümper
erschienen."

Der zitierte Artikel enthielt auch Forderungen für
eine Umgestaltung bzw. Modernisierung des
Schützenwesens. So wurde ausgeführt:

„... es möge für das in wiederum 3 Jahren zu
feiernde 25jährige Jubelfest ein etwas frischerer
Zug durch die deutsche Schießordnung gehen. ...
Wie es am Bundesschießen getrieben wird, das
soll auf die Schießstände im ganzen Lande über-
gehen und nicht umgekehrt. Schon deshalb sollte
man nicht zu beharrlich in der deutschen Schieß-
ordnung am Alten festhalten. – Da ist zunächst
das Schießen mit Armeegewehren, was bisher

---

[51] DSWZ 1882 Nr. 15
[52] DSWZ 1884 Nr. 18

keine Berücksichtigung gefunden hat. Meines Erachtens ist es Pflicht des deutschen Schützenbundes, dafür zu sorgen, daß jedem deutschen Schützen die Gelegenheit gegeben wird, sich mit dem Armeegewehr vertraut zu machen. ... Das hier mit einer Reform, wenn auch nach und nach, begonnen werden muß, halte ich für zeitgemäß und dabei kann auch den Wünschen nach knieend und liegend Schießen Rechnung getragen werden."

Die Forderung, das Schießen mit dem Armeegewehr auf den Bundesschießen einzuführen, wurde in dem Artikel (völlig unlogisch) mit der fehlenden staatlichen Unterstützung begründet:

„Wir können nicht verlangen, daß der Staat sich um das deutsche Schützenwesen kümmert, wenn wir nicht den Beweis liefern, dass von den bürgerlichen Schießständen aus der Vaterlandsverteidigung im Falle der Not eine Anzahl tüchtiger Schützen zugeführt werden."

In der Sitzung des Gesamtvorstandes vom 23.07.1884[53] wurde von Härtelt der Antrag gestellt, beim Schützenbund das Armeegewehrschießen einzuführen und mit dem Armeegewehr auf größere Entfernungen als 300m zu schießen. In der Diskussion gab es durchaus Zustimmung für den Antrag von Härtelt.

„ ... es sei der Hauptzweck des Deutschen Schützenbundes die Wehrhaftmachung des deutschen Volkes...."

Daneben gab es aber auch ablehnende Stimmen.

---

[53] DSWZ 1884 Nr. 41

„Die Einführung eines Armeegewehres habe nichts verlockendes, die Wehrhaftmachung des deutschen Volkes sei nicht mehr nöthig, das sei schon wehrhaft genug; wir wollten deshalb bei unseren Schießen nur dem Vergnügen nachgehen. Er sei deshalb gegen den Antrag Härtelt, der unsere Aufgaben erschwere."

Auch die finanzielle Belastung der Schützen, die durch die Anschaffung eines neuen Gewehrs entstünden, wurde erwähnt.

„... warnt vor Beschlüssen, durch welche neue Gewehre angeschafft werden müssten, wozu nicht jeder im Stande sei."

Der Antrag wurde letztlich aus formellen Gründen abgelehnt, aber Härtelt in die Schießordnungskommission für das Bundesschießen 1887 berufen.

"Ueber den Antrag des Herrn Härtelt-Liegnitz, betreffend die Einrichtung von Scheiben auf größere Entfernungen und die Einführung von Armeegewehren, wurde in Erwägung, daß solche Ermächtigung ohnehin der Schießordnungs-Commission zusteht, zur Tagesordnung übergegangen."

Letztlich ging es bei der Zulassung von Armeegewehren auch um das Schießen mit Mantel- besonders Teilmantelgeschossen. Härtelt hatte sich mit dieser Frage ausführlich befasst und warb (letztlich erfolglos) für die Zulassung solcher Geschosse bei den deutschen Bundesschießen. Er hatte Untersuchungen[54] über die Durchschlagsleistung von

---

[54] DSWZ 1897 Nr. 2

Teilmantelgeschossen angestellt, die belegen sollten, dass die Durchschlagsfähigkeit von Teilmantelgeschossen nicht deutlich größer war als die
nicht ummantelter Bleigeschosse. Haertels Antrag
auf die Zulassung von Wehrmannsscheiben und
von Mantelgeschossen beim Bundesschießen 1897
in Nürnberg wurde abgelehnt. Im Sitzungsprotokoll[55] der Schießordnungskommission ist dazu
vermerkt:

> *„Ein Antrag des Herrn Haertelt-Liegnitz auf Ein-
> führung von Wehrmannsscheiben und Zulassung
> von Mantelgeschossen soll ebenfalls dem künfti-
> gen deutschen Schützentag vorgelegt werden, da
> Nürnberg wegen der Lage des Festplatzes
> Wehrmann-Scheiben, nach denen mit Mantelge-
> schossen geschossen werden darf, nicht aufstel-
> len kann."*

Härtelts Ideen fanden unter den Mitgliedern des
Schützenbundes viele Befürworter. So findet sich
in einem Beitrag[56] unter Berufung auf das Ziel der
Wehrhaftmachung des Volkes:

> *„In der letzten Ausschußsitzung des Deutschen
> Schützenbundes zu Nürnberg wurde bekanntlich
> der Antrag Härtels, das Schießen mit Militärge-
> wehren zur Einführung zu bringen, fast einstim-
> mig abgelehnt. Mit Genugthuung habe ich aber
> nun wahrgenommen, daß sich in unserem
> Schützenorgan von verschiedenen Seiten Stim-
> men erhoben, welche lebhaft für obigen Antrag
> eingetreten sind. Der Zweck und die Bedeutung
> des deutschen Schützenwesens wird ja auch*

---

[55] DSWZ 1897 Nr. 5
[56] DSWZ 1900 Nr. 23

immer mehr und mehr in den Hintergrund ge-
drängt und ist zu befürchten, daß mit der Zeit
unser Schießen nur als bloßer Sport noch be-
trachtet wird. ..."

Andere Mitglieder im Schützenbund sahen ohne
staatliche Unterstützung allerdings keinen Sinn in
einem Schießen mit Armeegewehren[57]:

Aus allen diesen Gründen haben Bestrebungen,
durch Einführung der Armee-Gewehre unser
bürgerliches Scheibenschießen in den Dienst des
Vaterlandes zu stellen, um dadurch dem deut-
schen Schützenwesen „frisches Blut" zuzufüh-
ren, solange keinen Erfolg, als es nicht gelingt,
die höheren preußischen Offizierskreise für das
bürgerliche Scheibenschießen zu gewinnen. ..."

Zudem wurde bezweifelt, dass die Einführung des
Schießens mit Armeegewehren zu einer Zunahme
des Interesses am Schießen führen würde[58].

„Was wollen wir mit unseren Schießübungen? –
Wir wollen uns erholen von den Anstrengungen
die uns Werkstatt, das Bureau, das Comptoir
bringen, wir wollen uns ablenken von diesem
und Jenem, was uns in unserem Berufe unange-
nehm berührt hat. – Wir wissen, daß wir im
Schießstande Gleichgesinnte, Freunde, Bekannte
antreffen, mit denen wir unsere Gedanken aus-
tauschen. Das Schießen bringt uns Zerstreuung;
... Das und nichts Anderes suchen und finden
wir im Schießstande. ... Verlangen Sie aber, daß
wir uns im Schießen üben sollen, nur um gegen
den Feind des Vaterlandes zu kämpfen, dann

---

[57] DSWZ 1897 Nr. 48
[58] DSWZ 1891 Nr. 4

würden wir ... einen weit größeren Rückgang im Schieß- und Schützenwesen zu beklagen haben ... Dann Adieu Vergnügen des, die Erholung und Zerstreuung suchenden Schützen."

Vorbehalte[59] gab es auch gegen die Einführung des Armeegewehrs als Schützenwaffe.

„Jeder deutsche Schütze, welchem das Wohl seines Vaterlandes und des Bundes am Herzen liegt, würde gewiss freudig seine Zustimmung zu einer neuen Einrichtung, wie die vorgeschlagene Einführung des Militärgewehres als deutsche Schützenwaffe geben, wenn wirklich greifbare Vorteile zum Gedeihen des Bundes damit erzielt würden. ... Die Folge würde eine tief gehende, allgemeine Spaltung sein, ... Aus allem entsteht die große Frage, ob denn die Einführung der Militärwaffe wirklich so großer Opfer werth ist, die gebracht werden müssen, um diese Einrichtung durchzuführen, ..."

Allerdings gab es schon vor 1900 Vereine, die überwiegend oder ausschließlich mit Armeegewehren schossen, wie z.B. der Landwehr-Scharf-schützenverein in Mühlhausen/Thüringen. In einem Bericht[60] vom Preisschießen anlässlich des 1. Stiftungsfestes wird ausgeführt:

„Der Verein, dem Deutschen Schützenbunde angehörend, hat sich das Ziel gesetzt, das Schießen zur Volkssache zu machen und besonders bei gedienten Leuten die Liebe zum Schießen durch fortwährende Uebung wach zu erhalten. Das Jahr hindurch wird mit der Militairwaffe – vor-

---

59 DSWZ 1882 Nr. 10
60 DSWZ 1901 Nr. 33

läufig noch mit M 71 – gemäß neun aufgestellten Bedingungen nach Ring-, Figur-, Rumpf- und Kopfscheiben geschossen ... "

Geschossen wurde auf 175m auf die Kaiserpreisscheibe, und zwar sowohl stehend freihändig als auch aufgelegt.

Die Gewehre 71 und 71/84 wurden nicht nur zu Paraden getragen, sondern mit ihnen wurde auch sportlich geschossen. Dabei war die Verwendung der leistungsstarken Patrone 71 bzw. Patrone 71/84 auf den zivilen Schießständen nicht unproblematisch, wie ein Hinweis in der Geschichte[61] der Kröpeliner Schützenzunft zeigt. Die Zunft stellte dem Kriegerverein zwar 1912 am Sedanstag[62] wieder den Stand der Zunft zur Verfügung, allerdings

---

[61] Der Schütze M-V 1998, Nr. 10
[62] Der Sedanstag war der 2. September, als Erinnerung an die Kapitulation der französischen Armee bei Sedan am 2.09.1870

unter der Bedingung, das anstatt der Gewehre 71/84 eine gezogenen Scheibenbüchse zu nutzen sei.

In seiner Sitzung vom 11. Juli 1900 in Dresden nahm der Gesamtausschuss des Deutschen Schützenbundes den Antrag[63] mit großer Mehrheit an, auf dem Bundesschießen 1903 in Hannover ein Schießen mit Armeegewehren durchzuführen. Abgelehnt wurde aber, auf Entfernungen von mehr als 300m zu schießen. B. Körting, im Schützenbund einer der größten (und einflussreichsten) Verfechter des Schießens mit Armeegewehren, betonte in der Tagung des Gesamtausschusses:

„Man müsse dabei noch die Wehrhaftmachung des Volkes betonen. Diese könne mit einer dem offiziellen Gewehre wenigstens nahe kommenden Waffe erzielt werden."

In einem längeren Artikel[64] wurde 1902 der Beitrag des Schießens mit Armeegewehren zur Hebung der Wehrfähigkeit bezweifelt:

„Weiter muß aber auch berücksichtigt werden, daß wir deutschen Schützen des Deutschen Schützenbundes eine Sportsvereinigung sind. ... Ein Schießen mit Armeegewehren hat bei uns nicht den Sinn und Zweck wie in der Schweiz, wo die zur Milizarmee gehörenden Bürger mit ihrer Waffe in Uebung bleiben müssen. ... Zudem ist die weitaus größere Anzahl unserer Mitglieder in einem Alter, in dem man nicht mehr annehmen kann, daß sie ihre im privaten Leben erlangte

---

[63] DSWZ 1900 Nr. 31
[64] DSWZ 1902 Nr. 19

Schießfertigkeit noch in Militärdiensten verwenden könnten. Diejenigen jüngeren Schützenbrüder, welche nach ihrer Dienstzeit in einen Schützenverein eintreten, um mit dem Scheibenstutzen dem Schießsport zu huldigen, werden mit dem Militärgewehr sich ohne jeden Zweifel sehr schnell zurechtfinden, wenn sie einmal wieder zu Uebungen oder sonst eingezogen werden! Im Interesse der Landesvertheidigung kann man gewiß nicht zu Gunsten des Schießens mit Militärgewehren auf unseren Schießständen reden, denn von diesem bis zum militärischen Schießen ist noch sehr weit.

Was bleibt nun noch übrig zu Gunsten des Schießens mit Militärgewehren? Nichts, als der Name einer interessanten Neuheit im Sport!"

Allerdings sah nicht jeder Schütze das so[65]:

„Was das Schießen mit Armeegewehr anbetrifft, so bin ich derselben Meinung mit Herrn Peter Lorenz und Herrn Commerzienrath Körting, daß wir solches bei unseren deutschen Schießen einführen müssen ..."

Der DSB stellte 1902 eine Mannschaft für das mit Militärwaffen ausgetragene Deutsch-Österreichische Wettschießen auf und sorgte auch für die Ausstattung mit Gewehren. Peter Lorenz[66] schrieb dazu[67]:

„Geübt wurde in den Städten Erfurt, Gudensberg, Mühlhausen i. Thüringen, Nürnberg. Waldshut und noch in letzten Stunde in Holzleute

---

[65] DSWZ 1903 Nr. 4
[66] Ab 1909 Mitglied der Schießordnungskommission
[67] DSWZ 1902 Nr. 44

bei Isny. ...daß sämmtliche als Bewerber aufge-
tretene Schützen für die Uebungen gleich gute
Gewehre ausgehändigt erhielten. ... Wir hatten
uns, um uns bei diesem Schießen betheiligen zu
können, Armeegewehre M.98 mit Extralauf für
Bleigeschosse von Herrn Lechner in Nürnberg
einrichten lassen. Als Patronen verwendeten wir
die Originalhülse mit Schwarzpulver und Bleigeschoß. ... Das Für und Gegen, das in letzter Zeit
in unsern Schützenzeitungen über die Zulassung
von Armeegewehren mit Weichbleigeschossen bei
den Deutschen Bundesschießen theils sehr heftig
besprochen wurde, hat darin den hauptsächligs-
ten Grund, daß von den Scheibenschützen ... ge-
glaubt wurde, es müsse mit der Zulassung des
Armeegewehres unser uns lieb gewordener Stutzen ins alte Eisen wandern oder der Schütze wäre gezwungen, sich im Liegend- oder Knieend-
schießen zu üben. ... Auch ich möchte, auch
wenn ich ebensogern mit Armeegewehr schieße,
meinen Scheibenstutzen doch nie missen."

68

Letztlich war, eher als Nebenprodukt dieses Wett-
schießens, ein Gewehr entstanden, das später als
„Wehrmannsgewehr" bezeichnet wurde. In der
Schützenzeitung erschienen jetzt Anzeigen, in denen Büchsenmacher solche, für Bleigeschosse mo-
difizierten, Armeegewehre anboten.

---

68 DSWZ 1903 Nr. 34

Militärgewehre Modell 1888 für Bleimunition und jegliche Patronenhülse;

Desgleichen Modell 1898 für die Wehrmannsscheiben,

in Originalaufmachung mit hervorragender Schussleistung

liefert prompt und billig

Venuswaffenwerk Oscar Will, Zella St. Blasii i. Thür.

Wiederverkäufer gesucht!

69

Ein Armeegewehr mit einem Lauf für Bleigeschosse kostete (damals) 110 Mark, weshalb manche Schützen zögerten, sich ein solches Gewehr zu kaufen. Das auch, da noch nicht klar war, ob die ausschließliche Verwendung von Bleigeschossen auch in den nächsten Jahren Bestand haben würde oder ob man nicht langfristig zur Originalmunition übergehen würde[70].

Das Armeegewehr wurde von der Führung des Schützenbundes vorrangig als Mittel betrachtet, das Schießen im Knieend und Liegend-Anschlag durchzusetzen und so bei internationalen Schießwettbewerben konkurrenzfähig zu sein. Die „Hebung der Wehrkraft" kam erst an zweiter Stelle. 1902 kam es unter anderem deshalb zu einem Streit zwischen Bertold Körting und der Führung des Schützenbundes, in dessen Folge Bertold Körting[71] sein Amt als Vorsitzender der Schießordnungskommission niederlegte. Anlass waren unterschiedliche Ansichten[72] über die Verwendung von Armeegewehren, die Zulassung von Patronen mit Mantelgeschossen auf dem Bundesschießen

---

[69] DSWZ 1903 Nr. 13
[70] DSWZ 1905 Nr. 10
[71] DSWZ 1902 Nr. 14
[72] DSWZ 1902 Nr. 15

1903 in Hannover sowie die Weigerung des Schützenbundes, 1903 ein internationales Wettschießen auszurichten.

Auf dem Deutschen Bundesschießen in Hannover (1903) wurden das erste Mal Scheiben speziell für Armeegewehre (Wehrmannsscheiben) aufgestellt[73], und zwar jeweils auf einer Entfernung von 175m.

Für die Aufnahme des Armeegewehrs in die Schießordnung des Bundesschießens 1903 setzte sich besonders Senator Beuermann aus Hannover ein[74]. Aufgestellt wurden:

- 1 Wehrmanns-Festscheibe
- 1 Wehrmanns-Punktscheibe
- 1 Wehrmanns-Meisterscheibe

Diese Scheiben wurden ausschließlich frei stehend beschossen. Zugelassen waren Armeegewehre mit einem Lauf für Bleigeschosse. Die Schießordnung legte dazu fest:

„Geschosse mit Stahl- Nickel- oder Kupfermantel dürfen nicht verwendet werden, ebensowenig Halb- oder Theilmantelgeschosse."

Die für Wehrmannsgewehre bestimmten Scheiben hatten ein vergrößertes Trefferfeld. Der Durchmesser des inneren Trefferfeldes der Wehrmanns-Festscheibe betrug 40cm (gegenüber 30cm bei der normalen Scheibe). Bei der Wehrmanns-Punktscheibe betrug der Durchmesser des inneren Trefferfelds 20cm (gegenüber 15cm bei der normalen Scheibe).

---

[73] DSWZ 1903 Nr. 6
[74] DDS 1937 Nr.8

Um das Schießen mit dem Armeegewehr zusätzlich zu fördern, spendete Bertold Körting die damals riesige Summe von 1.000 Mark, die als erster Preis auf die Wehrmanns-Festscheibe „Vaterland" ausgesetzt wurde.

Zwar war es den Schützen freigestellt, mit ihren Wehrmannsgewehren auch auf alle anderen Scheiben zu schießen, allerdings machte kein Schütze davon Gebrauch[75]. Letztlich war, wie ein Teilnehmer feststellte[76], mit dem 1903 offiziell eingeführten „Wehrmannsgewehr" etwas entstanden,

> „...was vom Militärgewehre nur noch die Schäftung und den harten Abzug behalten habe."

Bei Bundesschießen waren nur Armeegewehre aus Deutschland und Österreich zulässig, wie von Peter Lorenz klargestellt wurde[77].

> „Armeegewehre auswärtiger Nationen, z.B. das Schweizer, sind nicht zugelassen...
> Geschosse mit Papierführung wie Modell 71/84 mit Schwarzpulver sind nicht ausgeschlossen ...
> dies aus dem Grunde, ich annahm, daß sich solche noch im Gebrauch von Militärvereinen und denselben Gelegenheit geben wollte, sich am deutschen Bundesschießen zu betheiligen."

Somit konnten auch die nach ihrer Ausmusterung vom Militär (auf welchen Wegen auch immer) in das Eigentum der Schützen- und Kriegervereine gelangten Gewehre 71 bzw. 71/84 als Wehrmannsgewehre genutzt werden. Allerdings gab es

---

[75] DSWZ 1903 Nr. 38
[76] DSWZ 1903 Nr.38
[77] DSWZ 1903 Nr. 7

Diskussionen, denn da Wehrmannsgewehre eine offene Visierung hatten, wurden ältere Schützen mit nachlassender Sehkraft benachteiligt. In einem offenen Brief[78] wurde beklagt:

„Kann nun auch jeder, der Lust und Liebe zum Wehrmanngewehr hat, damit schießen? Wer kräftige Augen hat und keine Gläser gebraucht, natürlich. Aber was machen die Vielen, die eine Brille oder Kneifer tragen, um die Scheibe überhaupt gut sehen zu können? Durch Diopter sehen sie mit der Brille vorzüglich, da durch das Diopterloch die Sehkraft konzentriert wird; sofort aber ändert sich die Sache, nehmen sie ein Wehrmannsgewehr in die Hand, darauf sitzt solch ein Ding nicht, …"

In Hannover schossen 415 Schützen auf die Wehrmanns-Festscheibe[79], es wurden 1665 Karten für die Meisterscheibe gelöst (auf die ein Schütze so viele Serien abgeben konnte, wie er bezahlen konnte; nur die beste Serie wurde gewertet) und 860 Punktkarten (auch hier konnte ein Schütze so viele Schüsse abgeben, wie er bezahlen konnte). Bemängelt[80] wurde aber, dass trotz der großen Zahl wertvoller Ehrenpreise die Preise auf den Wehrmannsscheiben, abgesehen von der Siegerprämie auf der Wehrmanns-Festscheibe, insgesamt nur einen geringen Wert hatten. Für die meisten Mitglieder und auch für den Vorstand des Deutschen Schützenbundes war der 1903 erzielte Kompromiss (Einführung eines Gewehrs mit militäri-

---

[78] DSZ 1912 Nr. 9
[79] DSWZ 1903 Nr. 38
[80] DSWZ 1903 Nr. 29

schem Schaft, aber eingerichtet für Bleigeschosse) ausreichend. Wer wollte, konnte damit jetzt auch Kniend und Liegend schießen. Dem Vorstand des Schützenbundes war klar, dass ein militärisch geprägtes Schießen (wie z.B. in der Schweiz) ohne eine staatliche Unterstützung nicht möglich war. Einsichtige Schützen erkannten das und zogen Vergleiche zur „Deutschen Schützenwaffe"[81]:

„Schon Anfangs der 60er Jahre des vorigen Jahrhunderts beabsichtigte man durch Einführung einer Einheitswaffe im Deutschen Schützenbunde das deutsche Volk wehrhaft zu machen, aber schon damals konnte dieser schöne patriotische Gedanke nicht zur Ausführung gelangen, und was damals nicht möglich war, soll jetzt, nachdem sich die militärischen Verhältnisse Deutschlands noch wesentlich günstiger gestaltet haben, möglich sein?

... Wir Schützen müssen uns mit dem Gedanken vertraut machen, daß das Schießen ein Sport ist, Schützengesellschaften sind heutzutage Sportgesellschaften."

Andere Mitglieder sahen im jetzt eingeführten Wehrmannsgewehr lediglich einen ersten Schritt und forderten Veränderungen in den Vereinen[82]:

„Die guten Erfahrungen, die unsere Turnvereine mit ihren Jugendabteilungen gemacht haben, weisen mit Macht darauf hin, ähnliches auch für die Schützenvereine ins Leben zu rufen. ... Aber das ist noch gar nicht einmal die Hauptsache. Diese besteht vielmehr darin, daß die Freude am

---

[81] DSWZ 1905 Nr. 50
[82] DSWZ 1905 Nr. 45

Schießen einem praktischen Zweck dienstbar gemacht wird, der Vorbereitung auf den Militärdienst nämlich, also der Wehrhaftmachung unseres Volkes."

Auch die Verwendung des Stutzens wurde in Zweifel gezogen[83]:

„Würden dem Armeegewehr erst einmal die Vorteile eingeräumt, die jetzt der Stutzen allein hat, und würde dem Stutzen die stiefmütterliche Stellung angewiesen, wie man sie in engherziger und kurzsichtiger Weise dem Armeegewehr gibt, so würde in Bälde der Stutzen ganz von selbst verschwinden. Seine Existenzberechtigung hat der Stutzen ... eingebüßt, ... Nur Einführung einer ganz neuen Waffe mit strengen Vorschriften kann diesen Zuständen ein Ende machen."

Das Schießen mit dem Stutzen wurde als völlig wertlos für die von etlichen Mitgliedern gewünschte Hebung der Wehrfähigkeit angesehen[84].

„Solange die Schützen an der allgemein gebräuchlichen Scheibenbüchse mit schwacher Pulverladung und Bleigeschoss, ausgestattet mit feinem Nadelkorn und Diopter, sowie ausgerüstet mit einem Stechschloss und mit einem Schaft, an dem sich der Schütze einklammern kann, solange wird ihr Schiessen ohne allen Wert für die militärische Schiessfertigkeit, also für die Verteidigung des Vaterlandes sein."

Die Einführung des Wehrmannsgewehres (Militärgewehres) bei den Bundesschießen zog die Forde-

---

[83] DSWZ 1905 Nr. 47
[84] SuW 1910 Nr. 4

rung[85] nach sich, für das Schießen mit Armeegewehren auch den militärischen Anschlag einzuführen.

> *„Wenn das Schießen mit Armeegewehren immer*
> *mehr gepflegt werden soll, was ich mit Freuden*
> *begrüßen würde, so ist es meines Erachtens aber*
> *auch notwendig, daß dies mehr militärisch, also*
> *mit gestrecktem linken Arm, durchgeführt wird."*

In der Vorstandssitzung des Schützenbundes am
29.05.1905 zeigte sich, dass die Einführung des
Armeegewehrs (Wehrmannsgewehrs) bei den Bundesschießen im Vorstand des Schützenbundes
nicht unumstritten war. Das Protokoll[86] vermerkt:

> *„Herr von Dall'Armi ist der Meinung, daß man*
> *die Militärwaffe in den Vereinen nicht einführen*
> *sollte, da sich das Militär auch um das Schießen*
> *in den Vereinen nicht kümmere. ...*
> *Herr Dr. Köhler ist der Meinung, daß man durch*
> *die Einführung der Militärwaffe in den Vereinen*
> *das Volk doch nicht wehrhafter machen könne."*

Im Schützenbund gab es Diskussionen über die
angemessene Schussentfernung für Wehrmannsgewehre. Bei den Bundesschießen 1903 und 1906
wurde auf 175m Entfernung geschossen. Bei den
Bundesschießen 1909 in Hamburg und 1912 in
Frankfurt dagegen auf 300m. Allerdings waren die
Ergebnisse (unerwartet) schlecht, denn die Geschosse der überwiegend verwendeten Patrone
8,15x46R waren windanfällig, und bei dem runden
Scheibenbild ließ sich Seitenwind wegen der star-

---

[85] DSWZ 1905 Nr. 50
[86] DSWZ 1905 Nr. 24

ren Visierung der Wehrmannsgewehre nur schwer
auskorrigieren. Deshalb beschloss man bei der
Auswertung des Bundesschießens 1912, wieder
zur Entfernung von 175m zurückzukehren und
gleichzeitig eine besondere Scheibe für das Wehrmannsgewehr einzuführen. Mit deren Entwicklung
wurde Peter Lorenz beauftragt. Er beschreibt[87] die
Entstehung der Scheibe und ihre Eigenschaften so:

*„Durch Beschluss der erweiterten Schießord-
nungskommission, welche im Oktober 1912 in
Nürnberg tagte, wurde ich von derselben beauf-
tragt, eine neue Scheibe für unser Armeegewehr
auf 175m zu schaffen. Dieselbe sollte dem Bilde
nach sofort erkennen lassen, daß sie für das
Armeegewehr bestimmt sei, indem sie einen
knienden oder liegenden Soldaten darstellt. Der
Beschluß lautete: Die Figur darf in Höhe und
Breite über 35 Zentimeter nicht hinausgehen.
Nachdem ein feldmarschmäßig ausgerüsteter
Soldat zur Stelle war, wurden verschiedene
Scheibenbilder ... angefertigt. – Auf dem Schießstande wurden alsdann die verschiedenen
Scheibenbilder auf das eingehendste geprüft und
es zeigte sich hierbei, daß das liegende Scheibenbild (Rumpfscheibe) in jeder Hinsicht die besten Resultate lieferte: ... Bei seitlichem Wind ist
das Aushalten leichter als bei der runden Scheibe, denn die Grundlinie der Figurenscheibe ist
eine waagrechte, das Korn bleibt immer in derselben Höhe und geht nicht, wie bei der geboge-
nen Linie der runden Scheibe, unbewusst mit in
die Höhe. Die Größenverhältnisse der Figurenscheibe zu der Standscheibe für Scheibenstutzen*

---

[87] DSZ 1913 Nr. 10 S. 4f.

auf 175m ist ungefähr 9/9 zu 7/9, so daß erste-
re 2/9 mehr Flächeninhalt besitzt, welcher dem
harten Abzug und grober Visierung Rechnung
trägt. ... Die Scheibenbilder der Figurenscheibe
sind für Punkt- und Meisterscheiben angefertigt. "

Die so entwickelte „Lorenz´sche Figurenscheibe"
wurde ab 1927 auf den Bundesschießen verwendet.

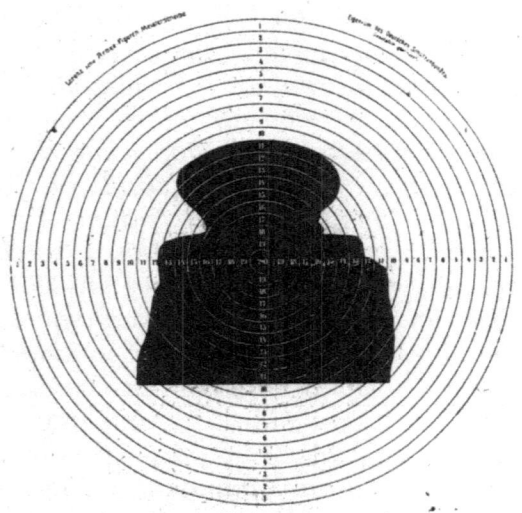

Bis 1912 wurde auf den Bundesschießen mit dem
Wehrmannsgewehr ausschließlich stehend freihändig geschossen. Erst ab 1927 wurde eine Serie,
bestehend aus je 5 Schuss liegend, stehend und
kniend geschossen.

Die von vielen Mitgliedern propagierte Idee, bei der
Wehrhaftmachung des Volkes zu helfen, führte zur
Gründung von Militärschützenvereinen und
Jungschützenabteilungen. Über die Gründung ei-

nes solchen Militärschützenvereins in München wird berichtet[88]:

„Die Landwehr zweiten Aufgebotes, d.h. die Dienstpflichtigen vom 32. bis zum 39. Lebensjahr, sowie die Landsturmpflichtigen vom 39. bis zum 45. Lebensjahr werden überhaupt in Friedenszeiten zu keiner militärischen Uebung mehr einberufen und sind deshalb im Schießen minder geübt, was sich in einem plötzlichen Mobilmachungsfalle sehr unangenehm fühlbar machen würde.

Um diesem Uebelstande zu begegnen, wurde beschlossen, ein Schützen-Korps ins Leben zu ruffen, dessen Angehörige aus Reserve-, Landwehr- und Landsturmpflichtigen bestehen soll.

In dieser Vereinigung soll das militärische Schießen mit dem Gewehr und Karabiner M.98 und M.88 nach militärischen Grundsätzen geübt werden, sonst jedoch mit anderen taktischen Uebungen nicht belästigt werden."

Auch militärisch orientierte Jungschützen-Abteilungen wurden z.B. in München[89] und Berlin[90] gegründet. Zumindest das preußische Militär lehnte das militärisch orientierte Schießen in den Vereinen und Gilden ab. In einem längeren Artikel[91] führte ein Generalmajor z.D. zu den Zielen der deutschen Schützenverbände aus:

„Zwei Forderungen sind aber erhoben worden, welche für das Schützenwesen eine große prak-

---

[88] DSZ 1910 Nr. 1
[89] DSZ 1910 Nr. 3
[90] DSZ 1910 Nr. 6
[91] DSZ 1910 Nr. 15

tische Bedeutung haben können und deshalb einer gründlichen Erörterung bedürfen. 1. die Ausbildung der Jugend im Schießen in Jungschützenabteilungen, und 2. die Fortbildung der Reservisten und Landwehrleute in Reservisten- und Landwehrverbänden, beides als Aufgaben der Schützenverbände.

Ich halte beides nicht für Aufgaben unserer Schützenverbände und glaube, daß mit solchen Plänen weder Nutzen zu stiften, noch Dank zu erwerben ist.

Bezüglich der Fortbildung der Reservisten und Landwehrleute im Schießen muss ich vorerst die Frage aufwerfen: „Woher sollen die Mittel kommen?"

Eine merkliche Förderung der Schießfertigkeit der Reserve und Landwehr kann doch nur eintreten, wenn mindestens jeder zweite Mann alljährlich 50 S-Patronen verschießt. Bei einem Bestande von über 2 Millionen Reservisten und Landwehrleuten 1. Aufgebots würde dies zu einem jährlichen Aufwande von 50 Millionen S-Patronen im Werte von über 5 Millionen Mark führen.

Diese Mittel wird die Heeresverwaltung sicher nicht den Schützenverbänden überweisen, ..."

Außerdem wies der Autor darauf hin, dass die Schießfertigkeit des einzelnen Soldaten im modernen Krieg eher von untergeordneter Bedeutung wäre. Wie nicht anders zu erwarten, löste dieser Artikel unter den Mitgliedern des Schützenbundes Widerspruch aus[92]:

---

[92] DSZ 1912 Nr. 16

„Würden die Schützenvereine zu reinen Sport-
vereinen degradiert, so würde gerade der in der
jetzigen Zeit nicht hoch genug anzuschlagende
Nutzen denselben in moralischer Beziehung ver-
loren gehen. ... Mit dem Fortfall der Schießaus-
bildung für die Vaterlandsverteidigung würden
auch die übrigen Aufgaben der Gilden und Ver-
eine vernichtet. Daß die Pflege des rein sportli-
chen und jagdlichen Schießens von den Schüt-
zenverbänden mit aufgenommen werden soll,
halte ich für höchst vorteilhaft, schon um weitere
Kreise für die Schützensache zu interessieren;
nur muß das Schießen mit der Wehrmannsbüch-
se Hauptaufgabe bleiben."

Um das Schießen mit der Armeewaffe zu fördern,
richtete Berthold Körting 1910 die *„Körtingstiftung*
zur Förderung des militärischen Schießens mit der
Armeewaffe" ein. Das Stiftungskapital betrug 500
Mark[93], verbunden mit der Auflage, dass von jeder
verkauften Körting-Lademaschine eine Gebühr in
Höhe von einer Mark an den Deutschen Schützenbund abgeführt würde.

---

[93] DSZ 1910 Nr.50

Körting-Rottweil

Lademaschine

mißt genau jede Art Naßbrand und rauchschwacher Pulver, auch Rottweiler Pa. Jagdblättchen-Pulver.

Die Lizenzgebühr hat der Erfinder dem Deutschen Schützenbunde für die Körting-Stiftung zur Förderung des Armeegewehrschießens überwiesen.

Fabrikant:

Albrecht Kind

Hunstig b. Dieringhausen (Rh.)
Berlin C, Rosenstraße 1 und
Nürnberg, Prinzregentenufer 5.

Zu beziehen durch alle Waffenhandlungen.

Die Firma Albrecht Kind liefert nur an Wiederverkäufer.

[94]

Es gab etliche Schützen, die im Wehrmannsgewehr die Verwendung originaler Munition oder zumindest schneller fliegende Hartbleigeschosse forderten. So sollte einerseits die große Windempfindlichkeit der eher langsam fliegenden Geschosse der Schützenpatrone vermieden und andererseits das Schießen mehr militärisch orientiert werden. Der einflussreichste Vertreter dieser Gruppe war der Industrielle Bertold Körting. Er schrieb[95]:

„Ich habe unser sogenanntes Wehrmannsgewehr mit besonderen Zügen und mit anderen Patronen als unsere Original-Militär-Patronen und ohne Repetiermechanismus immer als eine Art von Mißgeburt angesehen, die allenfalls die Form, aber nicht das Wesen unserer Militärgewehre

---

[94] DSZ 1912 Nr. 4
[95] DSZ 1912 Nr. 18

widergibt. Wir müssen aber suchen, annähernd gleiche Geschwindigkeiten wie mit der Original-Militär-Patrone zu erreichen und wir müssen die sämtlichen Detaileinrichtungen unseres Militärgewehrs unsern Jungschützen... zur Verfügung stellen. Nachdem wir aber neue entsprechende Geschosse und die neuen vorzüglichen Pulversorten haben, geht mein Vorschlag und meine Bitte an alle deutschen Schützen dahin, in Zukunft sich nur noch die deutsche Originalwaffe anzuschaffen und dafür die Munition nach bewährten Rezepten zu verwenden.

Erst wenn wir in unserem Schützenbunde nur derartige Armeegewehre massenhaft haben, kann der Schützenbund dermaleinst unter Umständen das leisten, wofür er vielleicht in nicht gar zu langer Zeit berufen sein wird. ... daß es unter Umständen gelten kann, daß alle wehrhaften deutschen Männer ... die überhaupt ein Gewehr tragen können, berufen sein könnten, Haus und Herd gegen Barbarenhorden zu schützen."

In einem weiteren Artikel[96] schrieb er:

„Ich spreche heute wiederholt die Hoffnung aus, in Zukunft nur das Original-Militärgewehr anzuschaffen und nicht mehr das jetzt so vieleingeführte sog. Armeegewehr mit für Bleigeschosse gezogenen besonderen Läufen. Jedermann kann das ruhig tun, weil die Munitionsfrage tatsächlich als gelöst anzusehen ist. Ich wiederhole, daß ich schon seit Jahren Hasloch Nr. 5, Pulver, mit hartem Spitzgeschoss aus dem Originalgewehre schieße, aber ich konnte nur ungefähr bis 1,5 Gramm Pulver nehmen; jetzt nach Erfindung des

---

[96] DSZ 1912 Nr. 21

Aluminiumbodens fällt diese Beschränkung fort und die Originalhülse kann mit 2,3 Gramm des genannten Pulvers nahezu gefüllt werden, sodaß die Rasanz derjenigen des alten Originalmantelgeschosses nahezu gleich kommt. ... Wir kommen dann zum Einheitsgewehr und zur gleichen Patronenhülse, hat dann also jeder eine Waffe auch für den Ernstfall.".

In einem offenen Brief[97] stellte Georg Philipp, Vorstand des deutschen Schützenbundes dazu deutlich klar:

„Herr Körting strebt nun außer der Gleichberechtigung der Militärgewehre mit den Scheibenbüchsen vor allem an, „das Original-Militärgewehr mit Bleigeschoss auf 300m" überall einzuführen. Da ihm der Grund, weshalb dies bisher nicht erfolgen konnte, recht wohl bekannt ist, daß es nämlich an einer geeigneten Munition hierfür fehlt, schlägt er vor, hiezu 1,1 Gramm starke Ladung Rottweiler P-Pulver und Tesco-Geschoss zu verwenden.
Nach den von uns durchgeführten Versuchen unserer besten Schützen und nach den von uns eingeholten übereinstimmenden Gutachten unserer hervorragendsten Sachverständigen ... versagen bei stärkeren Windverhältnissen die bis jetzt bekannten Pulversorten, ebenso wie die von Herrn Körting angegebene Ladung vollständig....
Wir schätzen Herrn Körting als hervorragendes Bundesmitglied sehr hoch und erkennen auch seine Verdienste für das deutsche Schützenwe-

---

[97] DSZ 1912 Nr. 23

*sen voll an. Dabei können wir jedoch den Stand-
punkt der vollen Sachlichkeit nicht verlassen.... „*

Der Vorstand des deutschen Schützenbundes er-
klärte außerdem[98], dass sich das Ziel der „Hebung
der Wehrfähigkeit" überholt hatte und dass das
Schießen zum Sport geworden war:

> *„... daß der ursprüngliche Gründungszweck: Die
> Wehrhaftigkeit des deutschen Volkes in unseren
> Kreisen zu heben, durch die Zeitereignisse über-
> flügelt und die Pflege wehrhaften Sportes an
> dessen Stelle getreten ist.*
>
> *Damit sollte sich aber schon die einseitige Pflege
> des Wehrmanngewehres in unseren Schützen-
> vereinen von selbst richten. – Denn Sport ver-
> langt die beste Leistung nach allen Richtungen,
> bei uns also des Schießwesens in allen seinen
> Einzelleistungen. "*

Im Schützenkalender 1914 schrieb Peter Lorenz
über seine Erfahrungen auf internationalen Wettbewerben.

> *„Wir müssen unser Schießen auf breiterer Lage
> gestalten, indem wir obligatorisch auf unseren
> heimischen Schießstätten, Verbands- und Bun-
> desschießen kniend und liegend schießen. Dann
> können wir aus der Masse der Schützen solche
> wählen, die sich zum Match eignen. Diejenigen
> Schützen, welche dann die größte Schießfertig-
> keit im Knind- und Liegend-Schießen haben,
> sollen noch ein Training von 3-4 Monaten durch-
> machen. Das gibt dann die richtigen Leute für die
> Internationalen Schützen-Wettkämpfe.*

---

[98] DSZ 1912 Nr. 34

Um diesen Zweck zu erreichen, dafür ist das deutsche Armeegewehr die einzig richtige Waffe, ... Auf diese Weise käme auch die Armeewaffe zur vollen Geltung, sie würde der Wehrkraft dienen und uns für die Zukunft tüchtige Matcheure liefern.

Auf den deutschen Bundes- und Verbandsschießen dürften keine Preise auf Armeegewehr mehr verteilt werden, die nicht in den drei Stellungen geschossen sind."

Der erste Weltkrieg

Nach Ausbruch des ersten Weltkriegs wurde das für 1915 in Stuttgart geplante Bundesschießen abgesagt. Auch der Schützenbund konnte (oder wollte) sich jetzt der in Deutschland herrschenden Welle des Patriotismus nicht entziehen.

Deutsche Schützen!

Das Vaterland ruft! Gefahrvolle Stunden sind über Deutschland hereingebrochen und jetzt gilt es, die Gesinnungen, die uns stets beseelt haben, durch Taten zu bekräftigen. Jeder unter uns kann dem Vaterlande nützlich sein und die Pflicht eines Jeden ist es, ohne Zögern sich da einzufinden, wo für seine Kräfte und Fähigkeiten Raum ist.

Deutsche Schützen, auf in den Dienst des Vaterlandes!

Der Vorstand des Deutschen Schützenbundes.

Georg Philipp   **Oskar Deffart**   **Theodor Brentano**   **Wilh. Richter**
Vorsitzender.   stellv. Vorsitzender.   Schatzmeister.   Schriftführer.   [99]

Die bei den Schützen vorhandenen Wehrmannsgewehre sollten zur Schießausbildung der Jugend eingesetzt werden, der Schützenbund startete dazu ein Aufkaufprogramm.

---

[99] DSZ 1914 Nr. 32

Deutscher Schützenbund.

Wir beabsichtigen, zur Ausbildung unserer Jungschützen eine Anzahl Militär-Gewehre (Modell 98 und 88, auch ältere Systeme) anzukaufen und ersuchen unsere Kameraden im vaterländischen Interesse um Anstellung solcher unter Preisangabe.

Wir sind auch bereit deren Gewehre zunächst auf einige Zeit leihweise gegen entsprechende Entschädigung und ordnungsgemäße Zurückgabe entgegenzunehmen.

Der geschäftsführende Vorstand.

100

Allerdings lehnte das Preußische Kriegsministerium[101] die Schiessausbildung von Jugendlichen durch den Schützenbund ab.

„Wenn auch nach den im Abdruck oder Auszug beigefügten Erlassen ... die Ausbildung Jugendlicher mit der Waffe und somit auch die Abhaltung von Schießübungen mit ihnen im Rahmen der militärischen Ausbildung der Jugend aus Erwägungen grundsätzlicher Art unterbleiben muss, so soll hierdurch doch die Tätigkeit der Schützenvereine nicht beeinträchtigt werden. Insbesondere dürfte sich den Bundesvereinen vielfach Gelegenheit bieten, die Angehörigen von Freiwilligen Bürgerwehren, Reichswehren, freiwilligen Landsturmkompagnien usw. im Schießen auszubilden oder derartigen Organisationen die Vereinsschießstände zur Mitnuzung zur Verfügung zu stellen."

In einem Erlaß[102] vom 30.10.1914 stellte das preußische Kriegsministerium unmissverständlich klar:

---

[100] DSZ 1914 Nr. 46
[101] DSZ 1915 Nr. 7
[102] DSZ 1915 Nr. 7

„Mehrfach hier gestellte Anträge auf Bereitstellung von Gewehren und Munition für die militärische Vorbereitung der Jugend machen es notwendig, die Zivilbehörden, Schulen und Vereine besonders darauf hinzuweisen, daß ... die Ausbildung Jugendlicher mit der Waffe und somit auch die Abhaltung von Schießübungen mit ihnen unzulässig ist; diese Aufgaben fallen den Ersatztruppen nach Einstellung der Rekruten und Kriegsfreiwilligen zu."

In Bayern[103] sah die Militärführung das anders und wollte die Hilfe der Schützenvereine für die vormilitärische Ausbildung der noch nicht militärpflichtigen Jugend annehmen:

„Sogar Schießübungen unter Fachmännischer Leitung und Aufsicht sind recht wohl zu empfehlen. Die Schützenvereine können sich dabei große Verdienste um die Sache erwerben."

Ende 1914 änderten die Militärbehörden in Preußen ihre Ansicht.

---

[103] Die militärische Jugenderziehung, München, 1914

Deutsche Schützengilden! Deutsche Jagd- und Schießsportliche Vereinigungen!

Der blutige Krieg, der so jäh unserm teuren Vaterlande auf-gezwungen ist, der neben Opferwilligkeit und Hingabe ganz besonders

die Wehrkraft eines jeden Deutschen

erfordert, veranlaßt mich, den Wünschen vieler nachzukommen und diesen Aufruf zu erlaffen. Im harten Kampf um unser Sein oder Nichtsein zeigt es sich, von welch großer Bedeutung das deutsche Schießwesen, das deutsche Schützentum, für den Ausgang dieses heiligen Krieges

ift!

Immer deutlicher zeigt es sich, daß wir Deutsche gerade

die rechtzeitige Ausbildung im Schießen

weit mehr beachten, vor allen Dingen darauf hinwirken müffen, daß ganz besonders das Schießen

mit Militärwaffen

jeder Art von allen Altersklaffen geübt wird!

Wohlan denn, deutsche Schützengilden und Ihr vielen deutschen Jagd- und Schießsportlichen Vereinigungen, unterstützt dies Bestreben, tretet zusammen und schließt einen Bund, der es sich zur Aufgabe macht, das Schießen mit Militärwaffen zu fördern! Nur gemeinsam kann diese Aufgabe gelöst werden, nur gemeinsame Arbeit wird zum Ziele führen, nämlich zur erhöhten Sicherheit unseres geliebten Vaterlandes!

Im Januar 1915.

von Kries
Generalleutnant.

[104]

Am 31.01.1915 gab es in Nürnberg eine außerordentliche Sitzung des Gesamtvorstandes mit dem Thema „militärische Schießausbildung der wehrfähigen Jugend". In Übereinstimmung mit den Militärbehörden wurde beschlossen, dass der Schützenbund die Schießausbildung der Jungmannschaften übernimmt. Die Vereine

---

[104] DSZ 1915 Nr. 4

wurden zudem dazu aufgerufen, ihre Schießplätze dem Militär zur Verfügung zu stellen.

Deutscher Schützenbund.

In der heute stattgefundenen Sitzung des Vorstandes des Deutschen Schützenbundes wurde nachfolgender Beschluß gefaßt:

„Der Vorstand des Deutschen Schützenbundes beschließt in seiner heutigen Sitzung einstimmig, in Fortführung seiner bisherigen Bestrebungen die Schießausbildung der Jungmannschaften Deutschlands in Übereinstimmung und mit der Unterstützung der Militärbehörden zu übernehmen und in der weitgehendsten Weise zu fördern. Insbesondere soll durch die Verhandlungen mit der Militärbehörde erreicht werden, daß die militärische Schießausbildung, hauptsächlich die Pflichtübungen der Jungmannschaften, ausschließlich dem Deutschen Schützenbund anvertraut wird.

Zur Erreichung dieser Ziele wird der geschäftsführende Vorstand beauftragt, sich mit den Militärbehörden unverzüglich zu verständigen und seinen Bundesvereinen das erzielte Ergebnis zur geeigneten Ausführung sofort bekannt zu machen."

Nürnberg, den 24. Januar 1915.

Der Vorstand des Deutschen Schützenbundes.

NB. Eingehender Bericht über die stattgehabten Verhandlungen folgt in nächster Nummer nach erledigter Zensur.

105

Ende April 1915 wurde vom Schützenbund eine Richtlinie zur Schießausbildung mit dem Wehrmannsgewehr[106] erlassen. Sie sollte bei der Schießausbildung aller wehrfähigen Deutschen, den Jungmannschaften sowie der gedienten Männer helfen.

Richtlinien des Deutschen Schützenbundes

Nachstehende Richtlinien berühren die inneren Schiessangelegenheiten der Schützengesellschaft nicht, sondern sollen nur die Grundbestimmungen für das Schulschiessen mit dem Wehrmannsgewehr festlegen.

Die Belehrung, sowie die Schiessübungen sollen sich an die militärischen Schiessvorschriften halten.

---

[105] DSZ 1915 Nr. 4
[106] DSZ 1915 Nr. 17

1. Die Schiessausbildung der Jungschützen und Dienstpflichtigen erfolgt mit dem Wehrmannsgewehr.

Die von den Schützenmeistern ausgewählten Schiesslehrer müssen gute Schützen und mit der Armeewaffe vertraut sein (womöglich gedientes Militär).

Um besonders wichtigen Zielfehlern zu begegnen und den Schützen dieselben leicht begreiflich zu machen, wie Vollkorn nehmen, Feinkorn nehmen, Korn klemmen, Gewehr verdrehen, Durchreissen, Mucken etc., werden vom Deutschen Schützenbund Merkblätter herausgegeben, die figürlich diese Fehler darstellen und ihre Wirkung erklären.

2. Der Anschlag kann mit voll ausgestrecktem Arm, „Militäranschlag", oder angezogenem Arm, „Schützenanschlag", ausgeführt werden.

3. Der Anfänger hat seine ersten Schießübungen aufgelegt auf Sandsäcken zu machen, erst wenn er seine Schüsse ansagen kann, darf er zu stehend, knieend und liegend freihändig übergehen.

4. Die Schussentfernung soll möglichst 175 m betragen.

5. Der Einheitlichkeit halber wird die militärische zwölfteilige Kopfringscheibe zum Schulschiessen empfohlen.

6. Die Prüfungsschiessbücher sollen nach einem einheitlichen Muster zur Verwendung kommen und können vom Deutschen Schützenbunde bezogen werden. Die Schussresultate sind gewissenhaft einzutragen und von dem Aufsichtsführenden zu bestätigen.

7. Prüfungsschiessen. Hat der Übende Schusssicherheit erreicht, so soll er sich einer Prüfung un-

terziehen. Die Prüfungskommission besteht aus zwei Mann, die von den Schützenmeistern bestimmt werden, und dem Schiesslehrer.

Es werden drei Schiessklassen errichtet: A, B und C. Der Schütze kann nur dann in die nächsthöhere Klasse übertreten, wenn er die Bedingung der vorhergehenden erfüllt hat.

Klasse A.

1. 3 Schuss hintereinander aufgelegt auf Sandsack, Stellung nach Wahl. Bedingung: Entweder kein Schuss unter 8 oder 27 Ringe, dabei kein Schuss unter 6.

2. 3 Schuss hintereinander, knieend oder stehend freihändig. Bedingung: Entweder kein Schuss unter 5 oder 18 Ringe, dabei kein Schuss unter 3.

Klasse B.

1. 3 Schuss liegend, freihändig. Bedingung: Entweder kein Schuss unter 8 oder 27 Ringe, dabei kein Schuss unter 6.

2. 3 Schuss knieend, oder stehend, freihändig. Bedingung: Entweder kein Schuss unter 7 oder 24 Ringe, dabei kein Schuss unter 6.

Klasse C.

5 Schuss knieend, stehend, oder liegend freihändig. Bedingung: 5 Treffer gleich 35 Ringen. Die fünf Schuss hintereinander binnen einer Minute von Abgabe des ersten Schusses ab gerechnet.

Zweck: Der Schütze, der die Bedingungen der Schiessklassen A und B erfüllt hat, soll zeigen, ob sein Wille seine Bewegungsnerven beherrscht, und ihm ermöglicht, einen raschen, sicheren Schuss abzugeben.

Derjenige Jungschütze, welcher die Bedingungen der drei Schiessklassen erfüllt hat, erhält vom Deutschen Schützenbunde eine Schiessauszeichnung, die sichtbar getragen wird, ferner eine Bestätigung über den rechtmäßigen Erwerb in Form einer Urkunde, auf der die erschossenen Ringzahlen vermerkt sind. Die Auszeichnung wird nur erteilt, wenn die Schussresultate, von der Prüfungskommission unterzeichnet, bei dem Deutschen Schützenbunde eingereicht sind.

Zur Bestreitung der Unkosten steht den Vereinen frei, eine Standgebühr von den Schützen zu erheben.

Die Auszeichnung für die Erfüllung der Bedingungen bestand aus Eisen und hatte folgendes Aussehen:

Außerdem wurde das Erreichen der Bedingungen durch eine Urkunde dokumentiert.

107

Der Deutsche Wehrmannsbund

Ende 1914 kam es im Bundesvorstand zu einem
Streit. Anlass war die Weigerung, aus der UIT[108]
auszutreten, denn der Vorstand befürchtete die
Verärgerung der neutralen, nicht am Krieg beteiligten Staaten. Schon Ende 1914 hatten deshalb einige Mitglieder im Vorstand die Idee, militärisches
und sportliches Schießen zu trennen und eine Vereinigung ausschließlich für das militärische Schießen zu gründen. Am 24.01.1915 stellte Bertold
Körting die Idee und die geplante Satzung eines

---

[107] Mit freundlicher Genehmigung von M.Hammer,
Wuppertal
[108] UIT = Union Internationale des Fédérations et
Associations Nationales de Tir, Details s. ab Seite 100

neuen Verbandes in der Vorstandssitzung des Deutschen Schützenbundes vor.

§ 1.

Der Verein führt den Namen „Deutscher Schützen- und Wehrbund."

Er hat zurzeit seinen Sitz in Nürnberg.

§ 2.

Der Zweck des Deutschen Schützen- und Wehrbundes ist:

1. In Anlehnung an die deutsche Armee die Förderung der Wehrbarmachung des deutschen Volkes in jeder erforderlichen Weise unter Verbrüderung aller deutschen Schützen und unter Umfassung möglichst aller deutschen Schützen-, Jagd- und Schießabteilungen der Kriegervereine, der Schützengilden und Zimmerstutzengesellschaften.

2. Die Vervollkommnung des Schießens und der Unterricht desselben für die Jugend, wie der nicht mit den Waffen ausgebildeten Männer auf feste oder verschwindende oder bewegliche Ziele, stehend, kniend und liegend mit den deutschen Armeewaffen (Gewehr und Pistole) und mit diesen in Form und Konstruktion möglichst ähnlichen Scheibengewehren und Pistolen und mit Jagdwaffen aller Art für stehendes und laufendes Wild und auf Tontauben.

109

Im Januar 1915[110] erschien in der Schützenzeitung der Aufruf zur Gründung eines Wehrmannsbundes.

---

[109] In: DSZ 1915 Nr. 5
[110] DSZ 1915 Nr. 4

Deutsche Schützen!

Der Zeitpunkt ist gekommen, wo ein seit Jahren gehegter Wunsch tausender von Schützen in Erfüllung gehen wird. Die alte Schützendevise: „Ob Aug' und Hand fürs Vaterland", die ehemals das Wesen und Wirken der Landesschützen-Korps kennzeichnete, ist mit den Fortschritten einer modernen Zeit, die der Verteidigung unseres geliebten Vaterlandes neue Formen gegeben hat, immer mehr verblaßt, und hat ausschließlich nur noch historische Bedeutung. Dieses ist uns allen längst klar. Eine neue Zeit ist jetzt angebrochen, Deutschland ist von Feinden umringt, die seine Existenz vernichten wollen. Schwere Anforderungen werden daher gerade jetzt an die Wehrfähigkeit der deutschen Bürger gestellt, und eine Prüfung tritt an die deutschen Schützen heran, die dartun soll, ob die deutsche Schützenschaft in den Jahrzehnten des Friedens ihre Schuldigkeit getan hat. In schimmernder Wehr steht Deutschland seinen Feinden gegenüber und hat es verstanden, in glänzenden Waffentaten die feindlichen Heere von einem Eindringen auf den uns heiligen, heimatlichen Boden abzuhalten. Aber noch ist nicht das Ziel erreicht, der Feind noch nicht niedergeworfen. Weitere Opfer an Gut und Blut wird es erfordern, bis der endgültige Sieg unser ist.

Der Sieg wird unser sein, aber wir hätten ihn schneller erringen können, hätten weniger Opfer an Gut und Blut unserer Mitbürger bringen brauchen, wenn wir Bürger selbst mehr dazu beigetragen hätten, unsere Wehrfähigkeit **rechtzeitig** zu vervollkommnen.

Millionen Deutscher stehen heute im Felde, die das Schießen mit der Militärwaffe erst im Laufe dieses Krieges erlernt haben. Warum erst jetzt? Weil es unsern wackeren Streitern an der Gelegenheit gefehlt hat, sich vorher im Umgang mit den militärischen Waffen zu üben. Das soll und muß anders werden.

Schießen lernt man nicht von heute auf morgen. An Lust und Liebe zur Sache fehlt es uns Deutschen nicht. Schaffen wir uns also eine Organisation, die es allen deutschen Bürgern, ob reich oder arm, ob jung oder alt, ob Handwerker, Beamter, Kaufmann, Offizier oder sonstigen Berufsstandes, ermöglicht sich beizeiten mit der Handhabung militärischer Schußwaffen vertraut zu machen. Eine Organisation wollen wir schaffen, treu der alten Überlieferung: „Mit Gott für Kaiser, König und Vaterland", aber aufgebaut auf modernen Grundsätzen, wie sie der Fortschritt auf dem Gebiete der Wehrhaftmachung erfordert.

Das Ziel, das wir erstreben, ist weit gesteckt. Die Verschiedenartigkeit der militärischen Handfeuerwaffen (Gewehr, Karabiner, Pistole) und noch mehr die vielgestaltigen Formen der im Ernstfall zu beschießenden Objekte, machen unser Programm zu einem umfangreichen. Ein solches Programm läßt sich nicht als Abzweig des bisherigen Schieß-Sports verwirklichen, es erfordert schon wegen seines Umfangs eine Organisation für sich.

Diese Organisation erstreckt sich über ganz Deutschland; sie wird geleitet werden von deutschen Bürgern, die auf dem Gebiete des Schießwesens reiche Erfahrungen ihr Eigen nennen. Als an der Spitze der Organisation stehend dürfen wir Se. Exzellenz, Herrn Generalleutnant v. Kries nennen, der seine überaus reichen Erfahrungen auf dem Gebiete des Schie den Dienst dieser patriotischen Sache stellt. Vorberatende Verhandlungen haben bereits stattgefunden, aber wir rechnen auch noch auf die tatkräftige Unterstützung aller im Schießwesen maßgebender Persönlichkeiten, die bisher von unseren Absichten noch nicht unterrichtet waren.

Wir bitten Sie daher, unsere gute Sache zu fördern und wären Ihnen für eine zustimmende bezügliche Erklärung dankbar.

Betonen möchten wir noch, daß unsere neue Organisation keineswegs den sportlichen Bestrebungen, wie sie bisher gehandhabt und gepflegt worden sind, rivalisierend gegenüber steht. Auch der Schieß-Sport in der bisherigen Form hat seine volle Existenzberechtigung. Wir betrachten daher auch diejenigen Schützen, die ihren bisherigen Sport liebgewonnen haben und uns nicht direkt unterstützen, trotzdem als gute Kameraden und erwarten auch umgekehrt von ihrer Seite eine gute und ehrliche Kameradschaft.

Im Januar 1915.

Die einstweilige Geschäftsstelle.
(Horst Goeldel, Berlin-Grunewald, Hohenzollerndamm 65/66l.)

Im Vorstand des Schützenbundes sah man die Gefahr einer Zersplitterung des Schützenwesens und
verfasste am 01.02.1915 einen offenen Brief[111] an
alle Schützenvereine:

> *„...Fast alle deutschen Schützenvereine und die
> meisten Bundesmitglieder werden in den letzten
> Tagen eine Aufforderung erhalten haben, sich an
> einem neu zu gründenden Schützenbund zu be-
> teiligen, dessen Aufgabe es sein soll, allen deut-
> schen Bürgern zu ermöglichen, sich mit der
> Handhabung militärischer Schusswaffen ver-
> traut zu machen.*
>
> *Die Ziele, die diese neu zu gründende Vereini-
> gung verfolgt, erkennen wir als vollberechtigt an.
> Sie sind auch nichts anderes, als das von uns in
> langen Jahren unausgesetzter Arbeit erstrebte
> Ziel, ...*
>
> *Unsere Aufgabe können wir aber nur in gemein-
> samer treuer Zusammenarbeit mit unseren Bun-
> desvereinen lösen. Jede Zersplitterung wäre für
> die einige kraftvolle Erreichung unseres Zieles
> von augenscheinlichem Nachteil...“*

In einem offenen Brief[112] an Horst Goeldel (der den
Aufruf zur Gründung eines Wehrmannsbundes
unterzeichnet hatte) schrieb der württembergische
Schützenmeister Hengerer:

> *„... Wenn Sie und ihre Gesinnungsgenossen an
> der Hebung der Treffsicherheit des deutschen
> Wehrmanns mitarbeiten wollen, so streben Sie
> eine Vereinigung aller unter der Fahne des deut-*

---

[111] DSZ 1915 Nr. 6
[112] DSZ 1915 Nr. 6

schen *Schützenbundes an, aber vermeiden Sie Trennungen.* ..."

In der Schützenzeitung[113] gab es eigentlich nur Ablehnung für den Wehrmanns-Bund. So z.B.:

„Für uns Süddeutsche veranlasste die Anregung der Gründung eines zweiten Deutschen Bundes berechtigtes Kopfschütteln, denn was die neue Organisation bezwecken will, ist bei uns längst angestrebt und, soweit möglich durchgeführt worden.

Die Herren, die an die Spitze des neuen Bundes getreten, sind nicht darüber informiert, daß sich bei uns in Bayern jung und alt, arm und reich, am Schießwesen beteiligen kann.

Die Herren, die an die Spitze des neuen Bundes getreten, stehen auch an der Spitze der Berliner Gilde. Ihr Gewissen sagt ihnen wahrscheinlich, wir haben bisher mit unserer Gilde dem deutschen Schützenwesen schlecht gedient; denn bei uns ist der Beitritt zum Schützenstand nur wenigen – Plutokraten ermöglicht, die eine Aufnahmegebühr von „siebenhundert bis eintausend Mark" auf den Tisch der Gilde legen können."

Trotzdem gründete sich im Februar 1915 in Berlin der „Deutsche Wehrmannsbund". Seine Gründungsversammlung lief ungeordnet bis chaotisch ab, wie Beiträgen in der Schützenzeitung[114] zu entnehmen ist.

Der Wehrmannsbund rief alle Mitglieder des Schützenbundes auf, diesem Bund beizutreten.

---

[113] DSZ 1915 Nr. 10
[114] Z.B. DSZ 1915 Nr. 8

Aufruf! · Deutscher Wehrmanns-Bund für Schiessen mit Militärwaffen.

An alle Vaterlandsfreunde, insbesondere an alle Krieger- und Schützenvereine, an die deutschen Jäger, die Besitzer von Schiessständen, sowie Gesellschaften jeder Art, die das Schiessen pflegen und zur Wehrhaftmachung des Vaterlandes durch

Förderung des Schiessens mit Militärwaffen

im Einklang mit den Wünschen unserer Militärbehörden beitragen wollen, ist dieser Aufruf gerichtet.

In jahrzehntelanger Friedensarbeit haben unsere Militärbehörden ein Heer geschaffen, das durch seine unvergleichlichen Waffentaten den Neid unserer Feinde, die Bewunderung der ganzen Welt erweckt. Heute, wo wir von Feinden rings umgeben sind, stehen wir vor der Frage:

Hat die deutsche Bürgerschaft unsere Behörden in der Wehrhaftmachung unseres Vaterlandes in ausreichendem Maße unterstützt?

Soweit es sich um unsere Aufgabe, nämlich die Vorbildung und Uebung im Schiessen mit Militärwaffen handelt, kann die Antwort nur verneinend lauten. Das Versäumte muss aber unverzüglich nachgeholt werden.

So gross auch das Interesse der Militärbehörden für die Verwirklichung unserer Bestrebungen ist, haben sie sich doch bei ihrer ungeheuren Belastung ausserstande gesehen, die nötigen Uebungsplätze, Waffen, Munition usw. zur Verfügung zu stellen.

Daher müssen die erforderlichen Mittel durch private Spenden aufgebracht und die vorhandenen Schiessstätten, Lehrkräfte und Waffen für Erreichung des hochbedeutsamen Zieles zur Verfügung gestellt werden. Um aus eigener Kraft diesen Zweck zu erreichen, haben sich Männer aus allen Berufen und Ständen zusammengeschlossen. So entstand am 14. Februar d. J. der

Deutsche Wehrmanns-Bund für Schiessen mit Militärwaffen.

Vaterlandsfreunde! Sofortiges Handeln ist geboten! Jedem, der noch im Heeresdienst Verwendung finden kann, soll so schnell als möglich Gelegenheit geboten werden, sich mit den militärischen Handfeuerwaffen vertraut zu machen. Aber auch nach dem Kriege wollen wir unser Ziel weiter verfolgen und die Wehrfähigkeit unserer Mitglieder durch Veranstaltung von Wettkämpfen grösseren Umfangs pflegen und fördern.

Der geringe jährliche Bundesbeitrag von 1,50 Mark (einschliesslich Haftpflichtversicherung) dürfte es jedermann ermöglichen, dem Deutschen Wehrmanns-Bunde beizutreten und damit seine vaterländischen Bestrebungen zu unterstützen.

Wir bitten, sich unserem Bunde anzuschliessen und durch weitgehendste Verbreitung dieses Aufrufs Mitglieder zu werben. Ohne militärischen Zwang werden mit militärischen Waffen aller Art unsere Schiessübungen betrieben. Jeder Vaterlandsfreund trage dazu bei, dass wir, allen unseren Feinden zum Trotz, bleiben:

Ein Volk in Waffen, jetzt und immerdar!

Berlin-Schloss Schönholz, den 25. Februar 1915.

Der Bundes-Vorstand.

Generalleutnant von Kries, Exzellenz,
Mitglied des Vorstandes des Allgemeinen Deutschen Jagdschutz-Vereins,
I. Vorsitzender.

Emil Heuer,
Vorsteher der Schützengilde der Haupt- und Residenzstadt Berlin,
I. stellvertr. Vorsitzender.

Freiherr von Watter,
Direktor der Vereinigten Köln-Rottweiler Pulverfabriken,
II. stellvertr. Vorsitzender.

Dr. Lehfeld, Justizrat,
Mitglied des Gesamt- und Betriebs-Ausschusses der Deutschen Versuchsanstalt f. Handfeuerwaffen z. Halensee,
I. Schatzmeister.

H. Rühenbeck,
Vorsteher der Schützengilde der Haupt- und Residenzstadt Berlin,
I. Schriftführer.

E. Bachelin, Hauptmann, Direktor der Deutschen Versuchsanstalt für Handfeuerwaffen zu Halensee.
E. Ehrhardt, I. Vorsitzender des Teltower Schützenbundes.
H. Feitsch, I. Vorsitzender des Berliner Schützenbundes.
H. Goeldel, General-Sekretär des Kartells zur Förderung des Jagd- und Sport-Schiessens in Deutschland.
P. Grimm, Hoflieferant, Vorsteher der Schützengilde der Haupt- und Residenzstadt Berlin.
B. Grundmann, Vorstandsmitglied und Geschäftsführer des Schiessvereins deutscher Jäger, Sitz Neudamm.
R. Hauer, Vorsteher der Schützengilde der Haupt- und Residenzstadt Berlin.
O. Knipper, Mitglied der Schützengilde der Haupt- und Residenzstadt Berlin.
H. Melzer, Mitglied des Deutschen Kriegerbundes.
R. Mückenberger, Mitglied des Deutschen Jagdklubs, Berlin.
A. Müller, Major, Mitglied des Gesamt- und Betriebs-Ausschusses der Deutschen Versuchsanstalt für Handfeuerwaffen zu Halensee.
P. Schmidt, i. Fa. Wilhelm Förster, Hofbüchsenmacher Sr. Majestät des Kaisers und Königs.
P. Wolf, Kaiserlicher Bankrat, Vorstandsmitglied des Deutschen Schützenbundes und Ehrenmitglied der Schützengilde der Haupt- und Residenzstadt Berlin.

Die Geschäftsstelle des Deutschen Wehrmanns-Bundes befindet sich in Berlin-Schloss Schönholz. Es wird gebeten, Mitgliedsmeldung sowie alle Sendungen an diese Geschäftsstelle zu richten, von der auch Satzungen, Werbe- und Aufklärungs-Druckschriften zu beziehen sind.

Aufruf, dem Deutschen Wehrmannsbund beizutreten

In einem Beitrag zur Werbetätigkeit des Wehrmannsbundes schreibt[115] Peter Leindecker:

---

[115] DSZ 1915 Nr. 13

„Der Schützenbund München und all jene Schützenvereine, die durch die Bayer. Schützenordnung mit Privilegien versehen sind, stehen in allen wichtigen Angelegenheiten wie ein Guß hinter der Hauptschützengesellschaft München.

Wie zu dieser, so stehen sie aber auch alle geschlossen hinter dem mächtigen Gebilde, dem Deutschen Schützenbund.

Die Einladung zur Besprechung der Organisation eines zweiten deutschen Wehrmannsbundes wurde infolgedessen bei uns hier dankend abgelehnt."

Die Führung des Schützenbundes reagierte und entschied 1915, keine Artikel des Wehrmannsbundes anzunehmen.

An den

Deutschen Wehrmannsbund

Berlin, Schloß Schönholz.

In Erwiderung Ihrer geehrten Zuschrift vom 15. bs. Mts. lehnen wir den Abdruck des uns eingesandten Artikels in unserer Bundes=Zeitung ab, da wir der festen Ansicht sind, daß die Gründung des Deutschen Wehrmanns= bundes nicht nur ganz überflüssig war, sondern auch auf unsere Bestrebungen in der Förderung des Armeegewehr= schießens sehr schädigend einwirken kann. – Sie bringen in unsere Bundesvereine, die vielfach über unsere lang andauernden Bemühungen in dieser Angelegenheit nicht oder wenig unterrichtet sind, nur Verwirrung und Ihre fortgesetzten, vielfachen Aufrufe und Bitten um Unterstützung und Beitritt sind nur geeignet, eine bedauerliche Zer= splitterung in unseren Schützenkreisen hervorzurufen. – Dabei sind die von Ihnen aufgeführten Zahlen leicht irre= führend. – Sie betonen nicht, daß fast alle irgendwie größeren Schützengesellschaften Deutschlands dem Deutschen Schützenbund bereits angehören und daß die Zahl der zum Bezug von Bundeskarten Angemeldeten in keiner Weise dem wirklichen Mitgliederbestand dieser Schützengesellschaften entspricht, da sehr viele unserer Bundesvereine nur wenige Mitglieder beim Bund anmelden, da sie doch dadurch der Wohltaten unserer Haftpflicht= und Zielerunfall= versicherung teilhaftig werden.

Wir wiederholen, daß von unserer Seite nichts vernachlässigt wurde, die Einübungen der Jungmannschaften und wehrfähigen Männer mit der Armeewaffe zu fördern und wir betrachten es als eine Kränkung unserer Bundesvereine, die opferwillig und opferfreudig sich sofort in den Dienst des Vaterlandes bei Kriegsausbruch gestellt haben und von denen die meisten aus eigenem, inneren Antrieb sich aus voller Kraft der Pflege des Armeegewehr= schießens angenommen haben, wenn dies nicht anerkannt wird. –

Wenn unsere langjährigen Bemühungen seitens der obersten Heeresverwaltung nicht die entsprechende Unterstützung fanden und wir auch heute noch nicht die volle Anerkennung unserer Bestrebungen für die Schieß= ausbildung der Jugendlichen finden, so sind es sicher schwerwiegende Gründe, die diese veranlassen, die uns aber nicht hindern, nach bestem Können und mit vollster Aneiferung unserer Bundesvereine hierin weiter tätig zu sein.

Von vielen Seiten haben wir die wärmsten Zustimmungserklärungen erhalten. Ihre Gründungsversammlung in Berlin, in der auf Ihre Einladung hin unsere Bundesvereine vertreten waren, hat Ihnen deutlich gezeigt, daß diese vollständig gegen Ihre Gründung gestimmt waren und diese als ganz überflüssig betrachtet haben und Sie können daher nicht verlangen, daß wir Ihr störendes Eingreifen in unsere Bundestätigkeit noch unterstützen.

Wir haben bisher allen Anregungen, die von uns ein öffentliches Hervortreten gegen Ihre Aufrufe verlangten, widerstanden, da wir ein Unternehmen, das vaterländische Ziele zu seiner Tätigkeit gewählt hat, nicht beeinträchtigen wollen, wenn sein Auftreten auch gegen unsere Bundesvereine gerichtet ist; wir werden aber niemals wieder, wie es anfänglich von uns in treuem Glauben geschehen ist, die Zeilen unserer Bundeszeitung für uns schädigende Bestrebungen desselben zur Verfügung stellen.

Mit vorzüglicher Hochachtung!

Der Vorstand des Deutschen Schützenbundes

Georg Pilipp
Vorsitzender.

Wilhelm Richter
Schriftführer.

Veröffentlichungen und Mitteilungen des Wehrmannsbundes erschienen in der Folge in der Zeitschrift der Deutschen Versuchsanstalt.

Mit dem Ende des ersten Weltkrieges verschwand der Deutsche Wehrmannsbund, ohne bleibende Spuren in der Geschichte des Schützenwesens zu hinterlassen.

Die Bundesschießen

In seiner Satzung hatte der Schützenbund festgelegt:

„Zur Förderung des Bundeszwecks findet alle zwei Jahre während der Monate Juli oder August ein allgemeines Deutsches Schützenfest statt."

Die Idee, alle zwei Jahre ein Bundesschießen durchzuführen, war nicht realisierbar, bereits das zweite Bundesschießen konnte erst drei Jahre nach dem ersten durchgeführt werden. Die Bundesschießen waren keine Meisterschaften, es ging nicht um sportliche Ehren, sondern ausschließlich um wertvolle Geld- oder Sachpreise, die als Gewinne bei den einzelnen Scheiben ausgesetzt waren.

Zu den Bundesschießen führte Heinrich Kummer im Vorwort seines „Deutschen Schützenbuches" aus[116]:

„Das deutsche Schützenthum, bisher ohne höheren Sinn, wird nun durch Entwicklung der Volkswehrkraft und durch regelmäßig wiederkehrende Nationalschießen seine nationale Bedeutung geltend machen ..."

Zwischen 1862 und 1914 hielt der Schützenbund 17 Bundesschießen ab.

	Ort	Jahr	Festkarten
1.	Frankfurt am Main	1862	8000
2.	Bremen	1865	3400
3.	Wien	1868	5548

---

[116] Kummer, Heinrich: Der praktische Büchsenschütze.

4.	Hannover	1872	4200
5.	Stuttgart	1875	2870
6.	Düsseldorf	1878	3000
7.	München	1881	3628
8.	Leipzig	1884	2100
9.	Frankfurt am Main	1887	2746
10.	Berlin	1890	4000
11.	Mainz	1894	2800
12.	Nürnberg	1897	3600
13.	Dresden	1900	2100
14.	Hannover	1903	2700
15.	München	1906	2700
16	Hamburg	1909	4200
17.	Frankfurt am Main	1912	5200

Weitere drei Bundesschießen wurden zwischen 1927 und 1934 abgehalten.

18.	München	1927	5000
19.	Köln	1930	3500
20.	Leipzig	1934	1800

Jedes Mitglied des Schützenbundes konnte am Bundesschießen teilnehmen, eine Qualifikation war nicht gefordert. Bedingung war lediglich der Kauf der Festkarte. Allerdings kam nicht jeder Teilnehmer, um tatsächlich zu schießen. Für das Bundesschießen 1865 in Bremen wurden 3.400 Festkarten verkauft, am Schießen beteiligten sich nur etwa 2.000 Schützen, beim Bundesschießen 1868 in Wien nahmen von 5548 angereisten Schützen nur etwa 3000 Teilnehmer tatsächlich am Schießen teil, der Rest kam „des Vergnügens wegen".

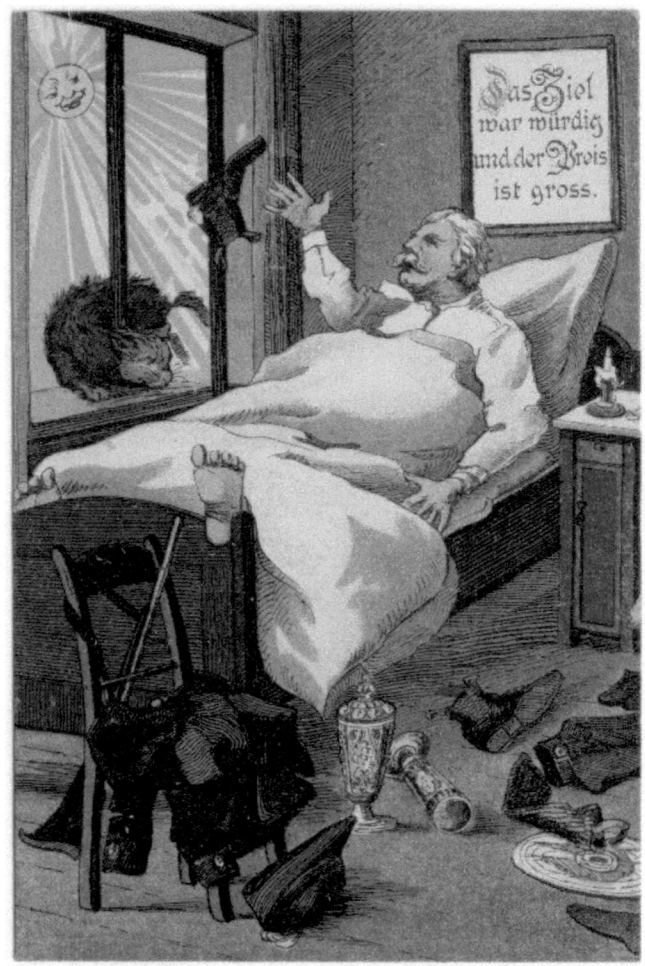

Zeitgenössische Postkarte. Man beachte die Symbolik, z.B. den lauernden Kater.

Auf den Bundesschießen konnte man nicht nur schießen, man traf auch andere Schützen, konnte an Festbanketten teilnehmen, Erinnerungsstücke kaufen oder fernab familiärer Zwänge das Leben genießen.

117

---

117 Mit freundlicher Genehmigung von Dr. Dr. W.Müller, Erlangen

Die Hamburger Stadtmission verteilte anlässlich
des Bundesschießens 1909 in Hamburg das obige
Faltblatt an die Teilnehmer des Bundesschießens.

Die Bundesschießen waren große gesellschaftliche
Ereignisse. Es gab einen Festumzug, Festreden,
Bankette, Bälle und Theateraufführungen und das
Bundesbanner wurde im Rahmen eines Festaktes
von der vorherigen an die aktuelle Feststadt über-
geben.

Stuttgart 1875, Übergabe des Bundesbanners[118]

---

[118] Die Gartenlaube, 1875

Postkarte vom Festzug des Bundesschießens Hamburg 1909

Auf den ersten Bundesschießen gab es nur Fest- und Punktscheiben, die sowohl auf 175m (Standschießen) und 300m (Feldschießen) aufgestellt wurden.

Auf die Festscheibe hatte der Schütze nur eine vorher festgelegte Zahl von Schüssen, Sieger wurde der Schütze, dessen Schuss am nächsten am Scheibenmittelpunkt lag, je nach Abstand der Treffer zum Scheibenmittelpunkt wurden dann die weiteren Gewinner ermittelt.

Die Punktscheiben hatten zwei Trefferfelder, ein Treffer im äußeren Feld zählte einen Punkt, ein

Treffer im inneren Feld zwei Punkte. Der Schütze
konnte hier beliebig viele Schüsse kaufen[119].

Hatte der Schütze eine in der Ausschreibung vorgegebene Punktzahl erreicht, hatte er Anspruch
auf einen silbernen Festtaler (ein vollgültiger Taler,
der speziell für das Bundesschießen geprägt wurde, keine Medaille), später[120] auf eine silberne
Festmünze im Wert von 5 Mark.

***Festtaler des 1. Bundesschießens 1862, Frank-
furt/Main***

Zumindest ab 1868 wurden Festtaler bzw. Festmünzen nur für die erreichte Leistung und nicht
auch für Geldpreise verwendet.

---

[119] 1875 (Bundesschießen in Stuttgart) konnte der
Schütze 2 Schüsse auf die Feld-Festscheiben abgeben.
Die dafür zu erbringende Einlage betrug 15 Mark. Glei-
ches galt für die Stand-Festscheiben, allerdings hatte
der Schütze hier nur einen Schuss. Jeder Schuss auf
die Punktscheibe kostete 30 Pfennig.
[120] DSWZ 1875 Nr. 23

Beim Bundesschießen 1906 in München und den folgenden Bundesschießen waren die Festmünzen für das Stand- und das Feldschießen unterschiedlich gestaltet.

Für drei Bundesschießen ist die Zahl der geprägten Festmünzen bekannt[121].

- **Frankfurt 1862**: 20.000 Stück. Mit diesen Talern wurden auch für die auf die Scheiben ausgesetzten Geldpreise gezahlt
- **Bremen 1865**: 50.000 Stück, geprägt in der königlichen Münze in Hannover
- **Düsseldorf 1878**: 6.000 Stück

Wie viele Festmünzen tatsächlich als Prämien ausgegeben wurden, kann nur für einige Bundesschießen ermittelt werden[122].

Jahr	Ausgegeben	davon Stand	davon Feld
Frankfurt 1862	5.159	?	?
Stuttgart 1875	4866	2144	2722
Leipzig 1884	4.187	2244	1943
Berlin 1890	7.500	?	?

Schoss der Schütze weiter, erhielt er nach einer in der Schießordnung festgelegten Zahl von Punkten einen silbernen Festbecher oder (wenn gewünscht)

---

[121] Festzeitung zum 17. Deutschen Bundes- und Goldenem Jubiläumsschießen in Frankfurt am Main – 1912
[122] Diese und die folgende Tabelle: Mit freundlicher Genehmigung von Dr. Dr. W. Müller, Erlangen

eine Uhr. Zwischen 1887 und 1930 konnte der Schütze zwischen einem Becher und einer goldenen Prämienmünze im Wert von 50 Mark wählen.

Eine Auswertung der jeweiligen Festschriften zeigt, wie viele Becher bzw. Uhren auf den einzelnen Bundesschießen ausgegeben wurden:

	Becher Stand	Becher Feld	Herrenuhr, Silber	Damenuhr, Gold
1862	580	404		
1865	191	512		
1868	409	630	190	
1875	447	668		
1878	> 165	> 137		
1881	438	494	168	
1884	361	294	136	
1887	337	429	145	
1894	258	319		216
1897	360	< 388	274	390
1900	302	261	215	291
1903	275	195	158	303
1906	576	416	410	685
1912	658	289	374	608
1930	76	< 121	164	266

Ab 1878 gab es zum Beginn des Bundesschießens das „Schießen um den ersten Becher"[123]. Dabei schossen die besten 20 Schützen so lange, bis einer von ihnen die für einen Becher erforderliche Punktzahl erreicht hatte. 1912[124] brauchte der Sie-

---

[123] DSWZ 1877 Nr. 48
[124] DSZ 1912 Nr.29

ger auf die Standscheibe (Hans Haller, Meran) 11
Minuten 18 Sekunden, der Sieger auf die Feldscheibe (W.Ebel, Cannstadt) brauchte hier 13 Minuten 45 Sekunden.

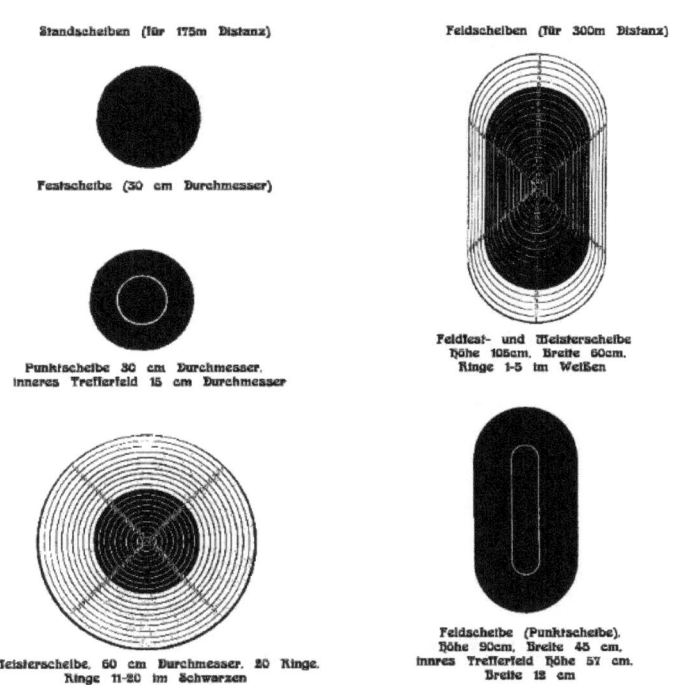

Standscheiben (für 175m Distanz)

Festscheibe (30 cm Durchmesser)

Punktscheibe 30 cm Durchmesser,
inneres Trefferfeld 15 cm Durchmesser

Meisterscheibe, 60 cm Durchmesser, 20 Ringe.
Ringe 11-20 im Schwarzen

Feldscheiben (für 300m Distanz)

Feldfest- und Meisterscheibe
Höhe 105cm, Breite 60cm.
Ringe 1-5 im Weißen

Feldscheibe (Punktscheibe).
Höhe 90cm, Breite 45 cm,
inneres Trefferfeld Höhe 57 cm.
Breite 12 cm

Standscheiben 1881   Feldscheiben 1881

Die Größe der aufgestellten Scheiben war nicht
genormt, sondern wurde in der Schießordnung des
jeweiligen Bundesschießens festgelegt.

Vor der Teilnahme am Schießen wurden die Waffen
darauf überprüft, ob sie den Vorgaben der jeweiligen Schießordnung entsprachen. Dann wurde auf
der Waffe eine Kontrollmarke (Plombe) angebracht.

Nur so gekennzeichnete Waffen wurden zum Schießen zugelassen.

Waffenkontrollmarke vom Bundesschießen 1934 in Leipzig

Auf den späteren Bundesschießen wurden weitere Scheiben aufgestellt; zu den Fest- und Punktscheiben kamen die Ehrenscheiben (Meisterscheiben). Auf dem Bundesschießen in Hannover (1872) wurden auf 300m auch sog. Wehrmannsscheiben aufgestellt, auf die nur mit Hinterladern geschossen werden durfte. Der Schützenbund wollte mit diesen Scheiben die Verwendung von Hinterladern fördern. Mit dem späteren Wehrmannsgewehr hatten diese Scheiben nichts zu tun.

Zumindest die ersten drei Bundesschießen waren auch politische Veranstaltungen. Schulze-

Delitzsch, Mitglied des preußischen Abgeordneten-
hauses, sagte[125] z.B 1862 in Frankfurt.

> *„Das Streben nach Einigung, nach der Ausbil-*
> *dung großer nationaler Organismen, ..., hat*
> *schon seit geraumer Zeit auch die deutschen*
> *Schützen erfaßt. ... Bei diesem Streben nach*
> *Einigung, nach Verbrüderung ist aber gleichzeitig*
> *das Bedürfniß rege geworden, die Wehrfähigkeit*
> *der deutschen Jünglinge und Männer zu beför-*
> *dern, Einrichtungen ins Leben zu rufen, durch*
> *welche dem bedrohten Vaterlande auch abgese-*
> *hen von den stehenden Heeren ein Schutz gesi-*
> *chert werden könne."*

Und ein Herr Tils aus Cöln führte (unter Beifall,
wie vermerkt wurde) in seiner Rede[126] auf dem
Frankfurter Bundesschießen 1862 aus:

> *„Einig mit euch allen, wissen wir, daß wir hier*
> *kein leeres Spiel treiben, daß wir hier kein eitles*
> *Fest feiern, daß wir hier den Grund zu einem*
> *freien deutschen Volksheere legen, denn auf*
> *kurz oder lang wird uns ein solches gegen äuße-*
> *re oder innere Feinde Noth thun."*

Solche (und andere) Festreden[127] belasteten das
Verhältnis des Schützenbundes zu Preußen, denn
hier sah man solche Reden als Kommentar zur lau-
fenden Heeresreform und der dadurch ausgelösten
Verfassungskrise. Im dritten Band seiner Memoiren kommentierte Ernst II. diese Reden so:

---

[125] Das erste deutsche Schützenfest in Frankfurt a.M. S.
52f.
[126] Das erste deutsche Schützenfest in Frankfurt a.M.
[127] DSZW 1882 Nr. 33

„... im Allgemeinen ließ sich nicht leugnen, daß die Leute, welche so trefflich mit der Waffe umzugehen wussten, sich vielfach in die Idee hineingeredet hatten, alle deutschen Armeen wären eigentlich neben dem wehrhaft gemachten Volke unnöthig.

Ich hatte vielfach davor gewarnt, diesen thörichten Anschauungen Raum zu gönnen, allein hier waren durch die zahlreichen Schweizer und durch die republikanisch gesinnten süddeutschen Fractionen – ich möchte sagen – in eine politische Sackgasse hineingetrieben worden, aus der zunächst kein Ausweg vorhanden zu sein schien. Eine stärkere Beziehung auf die speciell preußischen Kämpfe und die inneren Conflicte erhielten die in Frankfurt vorwaltenden Ideen durchaus erst in den letzten Tagen des Festes, als die Berliner Abgeordneten der Linken in Frankfurt angelangt waren, und der Verfassungsstreit der preußischen Kammer unmittelbar in den Bereich der Frankfurter Schützenpolitik hineingezogen wurde.

In dieser Zeit hatte ich aber längst das Fest verlassen, ..."

Das 3. Bundesschießen fand 1868 in Wien statt, der Hauptstadt des preußischen Kriegsgegners von 1866. In Wien artikulierte sich eine deutlich antipreußische Stimmung, was das in Preußen ohnehin bestehende Misstrauen gegenüber dem Schützenbund noch einmal deutlich verstärkte. Die Provincial-Korrespondenz, Bismarcks Sprachrohr, schrieb[128]:

„...Unfruchtbarkeit, Abspannung, Mißachtung: das ist auch Alles, was von dem politischen Treiben des diesjährigen Schützenfestes zu Wien zurückbleiben wird. Wenn eine Anzahl deutscher Schützen, wie der Zufall sie aus den verschiedenen Theilen des Vaterlandes zusammengewürfelt hat, nach einer vor Jahren getroffenen Verabredung sich in Wien zusammenfindet und dieselben nun mit ihren österreichischen Genossen beim Knallen der Büchsen und beim Klange der Gläser ihre Auffassungen über Gegenwart und Zukunft Deutschlands zum Besten geben, so wird gewiß kein Verständiger geneigt sein, derartige Aeußerungen als den Willens-Ausdruck der deutschen Nation gelten zu lassen. Daran ist schon deshalb nicht zu denken, weil in den dort versammelten Schaaren Oesterreicher und Süddeutsche die eigentliche Masse bildeten, während Norddeutschland nur spärlich und meist durch mißvergnügte Elemente vertreten war. Ueberhaupt kann aber von Willens-Ausdruck nicht die Rede sein, wo keine bestimmt gefaßte Forderung sich hinstellt, wo vielmehr unter dem Schutze allgemeiner Verwirrung die entgegengesetztesten Parteibestrebungen zum Ausdruck gelangen und die Anhänger der entwurzelten Kleinstaaterei mit den Verkündigern der allgemeinen deutschen Republik Brüderschaft machen!

---

128 Provinzial-Correspondenz, No. 32. Sechster Jahrgang. 5. August 1868.

Freilich, auf einem Punkt fanden die Stimmführer dieser Parteien, welche sonst als unversöhnliche Widersacher sich gegenüberstanden, ein Stück gemeinsamen Bodens: in der Mißbilligung des Prager Friedens, wie in der Verunglimpfung Preußens und der norddeutschen Zustände."

Es dauerte lange, bis der Schützenbund das Misstrauen des preußischen Staates wenigstens teilweise abbauen konnte. Erst das 1890 in Berlin abgehaltene 10. Bundesschießen und der sichtbare Verzicht des Schützenbundes auf politische Ambitionen führte zu einer gewissen Entspannung. In der Nr. 55 des IX. Jahrgangs der „Neuesten Mitteilungen" (des Nachfolgers der Provincial-Korrespondenz) wird über dieses Bundesschießen so berichtet:

„... Das Bundesschießen hat hiernach seine politische Rolle völlig ausgespielt, und es ist nichts weiter als ein Vergnügungsfest geblieben. Die Abhaltung solcher Feste wird man den Theilnehmern gewiß nicht verwehren wollen, zumal speciell das soeben verflossene nach keiner Richtung hin politischen Anstoß erregt hat. ... Auch in den Kreisen der Theilnehmer wird die Einsicht vorwiegen, daß der Schützenbund kein Organ für Politik, auch nicht für internationale, ist und daß wenn er auch fernerhin alle drei Jahre ein festliches Zusammensein veranstaltet, der Wettkampf um die Ehrenpreise und das gemeinschaftliche Vergnügen hierbei alleiniger Zweck und die Hauptsache sind."

Allerdings führte diese Entspannung nicht dazu, dass der Schützenbund in irgendeiner Form vom Staat unterstützt wurde. Noch 1915 wurde in der

Schützenzeitung[129] anlässlich der Gründung des Wehrmannbundes festgestellt:

> *„Die Unterstützung der Regierung ist bis jetzt den alten Korporationen versagt. Sie wird aber auch, ... dem neuen Bunde versagt bleiben müssen."*

Die regionalen Schützenverbände hielten ebenfalls Bundesschießen ab. Dabei orientierten sie sich an den Deutschen Bundesschießen, waren aber frei in ihren Festlegungen.

Internationale Wettkämpfe

Die deutschen Schützen wurden in der Schützen-Zeitung über internationale Wettkämpfe informiert. Allerdings beteiligten sich vor 1900 nur die wenigsten Schützen daran. Nur wer wirklich „gut betucht" war und zudem nicht jeden Tag arbeiten musste, wie z.B. der Industrielle Bertold Körting aus Hannover oder der Nürnberger Wein-Großhändler Peter Lorenz, konnte es sich leisten, ins Ausland zu fahren, dort die Startgelder zu zahlen und hoffen, einen der ausgesetzten Preise zu gewinnen.

---

[129] DSZ 1915 Nr. 8 S.6

Einladung

zur Beteiligung am Internationalen Wettschießen in Haag 1910.

Im Juli 1910 findet in Haag das diesjährige

Internationale Wettschießen

statt. Für uns handelt es sich hiebei, Deutschland in würdiger Weise zu vertreten und unser bestes Können zu zeigen.

Viele unserer Bundeskameraden, die die volle Fähigkeit besitzen, erstklassige Leistungen bei diesem Wettschießen zu erzielen zu können, haben sich bisher leider an diesen hervorragenden sportlichen Veranstaltungen nicht beteiligt und doch muß es unser Bestreben sein, unsere besten Schützen abzuordnen, um mit den Glanzleistungen anderer Nationen in gleichen Wettbewerb zu treten.

Wir ersuchen daher alle Kameraden, die Deutschland auf diesem Gebiete würdig vertreten können und wollen, sich baldigst bei Unterzeichnetem hiefür anzumelden.

Von Bundesseite werden wir denselben alle Erleichterungen und Begünstigungen bereitwilligst gewähren.

Mit deutschem Schützengruß

Der Vorstand des Deutschen Schützenbundes
Georg Pilipp, I. Vorsitzender.

130

Ein Umdenken des Schützenbundes und eine finanzielle Beteiligung an den Kosten der Schützen für die Teilnahme an internationalen Wettkämpfen begann um 1900. Aber selbst mit einer solchen finanziellen Unterstützung musste jeder Teilnehmer eines internationalen Matches noch tief in die eigene Tasche greifen.

Es zeigte sich bald, dass eine erfolgreiche Teilnahme an internationalen Wettbewerben einen Sportbetrieb erforderte, bei dem überall auch im Knieud und Liegendanschlag trainiert werden konnte, damit sich viele Schützen diese Fertigkeiten antrainieren konnten.

Die Olympischen Spiele

Die Idee der Wiederbelebung der olympischen Spiele wurde von Pierre de Coubertin ab 1880 propagiert, die ersten Spiele der Neuzeit wurden 1896 in

---

[130] DSZ 1910 Nr. 12

Athen ausgetragen. Im Schützenbund gab es anfangs massive Vorbehalte gegen die olympische
Bewegung. Man sah die bei den olympischen Spielen angestrebte hohe Einzelleistung als nicht kom-
patibel zum Ziel des Schützenbundes, der Hebung
der Schießfertigkeit des Volkes. Noch 1914/1915
wurde in der Zeitschrift „Schuss und Waffe" über
dieses Thema diskutiert[131]:

> *„Wiederholt haben sich, gerade in Deutschland,*
> *Stimmen erhoben, welche die sportliche Gesamt-*
> *leistung im Vergleich mit der Einzelleistung als*
> *unendlich vielwertvoller hinstellten. Und das mit*
> *vollem Recht! ...*
>
> *Meiner Erfahrung nach tut es nun unserem*
> *Schiesssport ganz besonders not, die Einzelleis-*
> *tung hinter die Gesamtleistung zurücktreten zu*
> *lassen."*

Dazu kamen nationalistische Vorbehalte, denn die
Idee einer Wiederbelebung der Olympischen Spiele
kam von einem Franzosen[132]. Auch störte man sich
daran, dass der französische Präsident Ehrenprä-
sident der olympischen Spiele 1896 war.

Das Schießen mit Armeegewehren war vor 1914
international üblich, es gab auch bei den olympischen Spielen entsprechende Wettbewerbe.

---

[131] SuW 1914/15 Nr. 6
[132] DSWZ 1896 Nr. 3

Olympische Spiele in Stockholm 1912.

Schießen vom 29. Juni bis 5. Juli 1912.

Meldeschluß 29. Mai 1912.

Adresse für schriftliche Mitteilungen:
Olympiska Spelen, Stockholm.

Adresse für Telegramme: Olympiaden, Stockholm.

(Fortsetzung.)

Besondere Regeln.

1. Schießen mit Armeegewehr.

Armeegewehr jedes Landes, reglementsmäßiges Modell ohne Änderung oder Zusatz. Der Leiter des Schützenkontingents jeder Nation soll vor Beginn der Konkurrenzen eine Erklärung abgeben, daß diese Bestimmung eingehalten worden ist.

Die Gewehre dürfen aus beliebigen Fabriken stammen, müssen aber einem offiziell vorgeschriebenen Armeemodell entsprechen. Wenn die Armeegewehre der betr. Länder einen offiziellen Besichtigungsstempel haben, müssen die zur Benutzung kommenden Waffen mit demselben versehen sein.

Korn und Visier sollen reglementsmäßig sein und dürfen nicht mit Teleskop versehen sein oder vergrößern. Nur die schwarze Farbe ist bei ihnen zulässig.

Der Gebrauch von gewöhnlichen Brillen ist gestattet.

Es darf beliebige Munition verwendet werden, doch darf dieselbe nicht von gefährlicher, explosiver Beschaffenheit sein. Wer mangelhafte Munition verwendet, trägt allein die Verantwortung für einen dadurch etwa entstehenden Unglücksfall.

Der Druck der Gewehre darf unter keinen Umständen weniger als 1,8 Kilo betragen und wird unmittelbar vor dem Schießen auf jeden Abstand geprüft.

Der Gewehrriemen ist als Stütze für den einen Arm zulässig, muß aber von reglementsmäßigem Armeemodell sein.

Der Wert der Treffer wird nach dem Mittelpunkt des Kugellochs bestimmt.

133

Da der Schützenbund nicht über die notwendigen finanziellen Mittel verfügte und es keine staatliche Unterstützung gab, blieb die Teilnahme an den olympischen Spielen bis 1912 eine private Angelegenheit der Schützen, die an diesen Wettkämpfen teilnehmen wollten.

---

133 DSZ 1912 Nr. 3

Die Einstellung des Schützenbundes zu den olympischen Spielen änderte sich aber, als das internationale olympische Komitee 1914 Berlin als Austragungsort der olympischen Spiele 1916 festlegte.

Am 28.03 1914 wurde der Deutsche Schützenbund in den Reichsausschuss für Olympische Spiele aufgenommen und gleichzeitig folgende Festlegung getroffen:

In der Hauptversammlung des deutschen Reichsausschusses für Olympische Spiele am 28. März wurden endgültig als allein zuständige Organisationen für die Olympischen Spiele anerkannt:

a) der deutsche Schützenbund für das Schiessen mit Scheibenwaffen,

b) der Schiessverein deutscher Jäger für das Schiessen auf Wurftauben und Wildscheiben.

134

Das Schießen mit Armeewaffen wurde von der Infanterie-Schießschule betreut[135]. Bei den olympischen Spielen 1916 sollten die besten deutschen Schützen antreten, die in Ausscheidungswettkämpfen ermittelt werden sollten. Zur Aufwertung der vorgesehenen Ausscheidungswettkämpfe wurde eine Medaille für deren Sieger gestiftet[136].

---

[134] SuW 1914/15 Nr. 14
[135] SuW 1913/14 Nr. 9
[136] SuW 1913/14 Nr. 15

Die Kaiser-Wilhelm-Plakette des Deutschen Reichsausschusses für olympische Spiele.

Der Ausbruch des ersten Weltkriegs machte alle diese Pläne letztlich zu Makulatur.

Die UIT

In einer Notiz[137] wurden die deutschen Schützen darüber informiert:

> „...ist in London die Idee angeregt worden, für die Zukunft regelmäßig wiederkehrende internationale Wettschießen in England, Deutschland, Frankreich, Italien, Österreich und anderen Ländern zu veranstalten. Die ungemeine Beliebtheit, welche die bisherigen Wettschießen in Wimbledon und Belgien gefunden haben, soll die Veranlassung dazu gegeben haben. ... "

Die Anregung blieb ohne Folgen. Erst 1906 wurde wieder angeregt, einen internationalen Verband zu gründen. Diesmal fiel die Anregung auf fruchtbaren Boden, denn am 17.07.1907 wurde in Zürich

---

[137] DSWZ 1873 Nr. 34

die internationale Schießsportunion (Union Internationale des Fédérations et Associations Nationales de Tir (UIT) gegründet. Der deutsche Schützenbund trat ihr am 6. Dezember 1907 bei und richtete 1909 in Hamburg auf dem „Neuen Schützenhof" in Barmbeck die Weltmeisterschaft im Schießen aus.

Pachmayr-Traunstein.   Stäheli-St. Gallen.   Widmer-Zug.

Abb. 1. Die besten Schützen beim 13. internationalen Gewehr-Match in Hamburg.   138

---

138 SuW, 1909

Allerdings spielten die von der UIT festgelegten Regeln weder bei den Bundesschießen noch den vereinsinternen Schießen eine Rolle.

Auch in der UIT gab es den Wunsch nach Wettschießen mit Armeegewehren. So stellte der ungarische Vertreter in der UIT auf der Tagung der UIT 1909 in Hamburg den Antrag[139]:

„in Zukunft für den Gewehrmatch nur noch Militärgewehre zuzulassen."

Auf der Versammlung 1910 in Paris wurde dieser Antrag beraten und beschlossen, einen solchen Wettkampf in das Programm des internationalen Schießens 1911 in Rom aufzunehmen[140].

Zu Beginn des ersten Weltkrieges führte die Mitgliedschaft in der UIT zu einer Krise. Da der UIT auch „Feindstaaten" angehörten, sollte der Schützenbund aus der UIT austreten. Der entsprechende Antrag wurde vom Gesamtvorstand abgelehnt[141].

Deutscher Schützenbund.

Zur „offenen Frage" in Nr. 57 unserer Bundeszeitung.

Der Antrag unseres Vorstands-Mitgliedes Herrn Heerdt in Mainz:

„Sofort aus der Internationalen Vereinigung auszutreten"

wurde durch fast einstimmigen Beschluß unseres Gesamtvorstandes aus folgenden Gründen vorläufig abgelehnt: Die erste Anregung zur Gründung der „Internationalen Vereinigung" ist von Holland ausgegangen, dessen Vertreter Herr Dan den Bergh trotz seiner hohen Jahre mit jugendlicher Kraft und Frische den Gedanken der freundschaftlichen Annäherung und Vereinigung der Schützen aller Länder ins Leben gerufen hat und so feste Gestalt gewinnen ließ.

Amerikaner, Oesterreicher, Ungarn, Dänen, Spanier, Griechen, Holländer, Italiener, Mexikaner, Peruaner, Portugiesen, Schweden, Schweizer — alle diese uns befreundeten Völker sind begeisterte Anhänger der Vereinigung geworden und hätten es nicht verdient, und werden es sicher auch nicht verstehen, wenn wir schroff von ihnen abrücken würden. Was weiter geschehen soll, können wir heute noch nicht in bestimmter Weise aussprechen. Sicher ist wohl, daß die Internationale Vereinigung in der bisherigen Weise fernerhin nicht weiterbestehen kann. Aber welche Gestalt sie in zukünftiger Zeit annimmt und ob diese uns das Verbleiben wünschenswert erscheinen läßt, wollen wir ruhig abwarten und uns heute nur vor allzu eiligen Entschlüssen hüten.

Der geschäftsführende Vorstand.

---

[139] SuW 1910 Nr. 8
[140] DSZ 1910 Nr. 36
[141] DSZ 1914 Nr. 38

Die Weigerung des Schützenbundes, aus der UIT auszutreten, hatte ein Nachspiel. Näheres dazu ist ab Seite 72 im Kapitel „Der Deutsche Wehrmannsbund" zu finden.

Da neun der einundzwanzig UIT-Mitglieder direkt am Krieg beteiligt waren, hielten die neutralen Staaten die für die Fortführung des sportlichen Schießens notwendige Kommunikation für unmöglich und schlugen deshalb Ende 1914 vor, die UIT aufzulösen; die Mehrzahl der Mitglieder (auch der Deutsche Schützenbund) stimmten dem zu[142]. Die UIT löste sich am 30. August 1915 auf.

Deutscher Schützenbund.

Vorstandssitzung, abgehalten am 19. Dezember 1914, im Bundesbureau, Albrecht-Dürer-Platz 10.

Anwesend die Herren Georg Pilipp, Oskar Deffart, Theodor Brentano, Wilhelm Richter.

Herr Pilipp eröffnet um 9 Uhr die Sitzung.

Von französischer Seite wurde in Anregung gebracht, ob es nicht angezeigt wäre, die Vereinigung des Internationalen Schützenbundes etc. angesichts des Umstandes, daß sich gegenwärtig innerhalb derselben 9 Länder im Kriegszustand befinden, aufzulösen.

Es wurde beschlossen, von deutscher Seite der Auflösung der Vereinigung zuzustimmen und hiervon auch den Österreichischen Schützenbund in Kenntnis zu setzen.

Unser Schreiben an den Präsidenten des Internationalen Schützenbundes lautet:

Nürnberg, 18. Dezember 1914.

Union Internationale des Fédération et Associations Nationales de Tir

PARIS.

In Erwiderung Ihrer geehrten Zuschrift vom 25. November ds. Jrs. erklären wir uns mit der Auflösung der Union Internationale etc. einverstanden.

Indem wir Ihnen, hochverehrter Herr Präsident, gleichzeitig unseren Dank für die jahrelange, so aufopfernde und vorzügliche Leitung der Vereinigung aussprechen, empfehlen wir uns Ihnen

mit vorzüglichster Hochachtung

Der Vorstand des Deutschen Schützenbundes:

| Gg. Pilipp, | O. Deffart, | Th. Brentano, | R. Richter, |
| Vorsitzender | stellv. Vorsitzender | Schatzmeister | Schriftführer. |

Hochwohlgeboren

Herrn Präsident M. Mérillon

Paris.

---

[142] DSZ 1914 Nr. 51

Von 1919 bis 1936

Wegen der bürgerkriegsähnlichen Zustände in Deutschland ordnete die Reichsregierung am 13. Januar 1919 an[143], dass alle in Privatbesitz befindlichen Waffen und die Munition abzuliefern wären. Der Vorstand des Deutschen Schützenbundes bat die zuständigen Landesbehörden um Auskunft, ob das auch für die Waffen der Schützen gelten würde. In den Antworten der Behörden wurde darauf hingewiesen, dass es für Mitglieder von Schützenvereinen keine generelle Befreiung von der Abgabepflicht gäbe, sondern jeder einzelne Schütze selbst einen entsprechenden Antrag stellen müsste. Das sächsische Ministerium des Inneren antwortete[144] so:

> *„Die Pflicht zur Ablieferung von Waffen wird durch die Reichsverordnung vom 13.Januar 1919 (R.-G.-B S. 31) geregelt. Darnach sind nur Schußwaffen der in § 1 Abs. 2 derselben Verordnung genannten Gewehre abzugeben. Hierzu gehören nicht Scheibengewehre, Scheibenpistolen und Zimmerstutzen. Diese sind daher den Schützen zu belassen."*

Ein weiteres Gesetz, das Auswirkungen auf die Schützen hatte, war das Entwaffnungsgesetz[145] von 05.08.1920. Mit dem Gesetz sollten die ab Mitte 1919 im ganzen Reich entstandenen Einwoh-

---

[143] Reichsgesetzblatt 1919 Nr. 7
[144] VDSZ 1923 Nr. 36
[145] Reichsgesetzblatt 1920 Seiten 1553-1557; 1595-1597 und 1636

nerwehren entwaffnet werden[146]: Vereinen und Privatpersonen wurde der Besitz von Militärwaffen verboten. Auch wollte man die bei der unter teils chaotischen Bedingungen durchgeführten Auflösung des Heeres in großen Mengen in Privatbesitz gelangten Militärwaffen einsammeln. Folgende Waffen waren abzuliefern:

1. *„Infanteriegewehre und Karabiner 88 und 98 sowie die ausländischen Militärgewehre, soweit sie dem deutschen Gewehr gleichwertig, d.h. für gleichummantelte Geschosse eingerichtet sind. Ältere Infanteriegewehre und Karabiner wie die deutsche Konstruktion M.71 und M.71/84, brauchen nicht abgeliefert zu werden.*

2. *Alle Waffen, die aus Militärwaffen 88 und 98 umgeändert worden sind, wenn sie die Hoheitszeichen und staatlichen Stempel tragen und für die Patronen 88 und 98 eingerichtet sind.*

3. *Armeerevolver und Armeepistolen (Armeepistole 08/9mm und 9mm Mauserpistole mit der Zahl 9 auf der Griffschale)*
   ... Alle übrigen Jagdwaffen, Büchsen, Pistolen usw. unterliegen nicht der Abgabepflicht."

---

[146] Peter Lorenz war 3. Landesschützenmeister der Einwohnerwehr Bayern (EWB), Verbindungsmann zum Deutschen Schützenbund und Kreisschützenmeister für Nürnberg. Es gab Überlegungen, die Gewehre der EWB auf das Kaliber 8,15x46R umzustellen, um so die Ablieferungspflicht für Militärgewehre zu unterlaufen. Allerdings wurde klar, dass man auch so die Entwaffnung der EWB nicht verhindern könnte.

Mit diesem Gesetz wurden auch die Wehrmannsgewehre ablieferungspflichtig, die ein Patronenlager
für die Patrone 8x57 hatten. Vielfach wurden jedoch auch Wehrmannsgewehre im Kaliber
8,15x46R beschlagnahmt. Die Passage im Abschnitt 2 des Entwaffnungsgesetzes, das die Ablieferungspflicht für Waffen „mit Hoheitszeichen und
staatlichen Stempeln" festlegte, dürfte der Grund
dafür sein, dass bei den nach dem ersten Weltkrieg
aus ehemaligen Militärgewehren entstandenen
Wehrmannsgewehren die originalen Stempel vollständig ausgeschliffen wurden.

Die Behörden der einzelnen Länder gingen bei der
Durchsetzung der Ablieferungspflicht unterschiedlich vor. So wurden z.B. 1922/23 in Sachsen auch
Scheibenwaffen beschlagnahmt[147]. Auch gab es
(speziell in Sachsen) Plünderungen von Schützen-
häusern.

Noch 1929 erschien in der Deutschen Schützenzeitung[148] ein Beitrag zum Thema „Abgabepflicht für
umgeänderte Militärgewehre und Jagdwaffen", in
dem ausgeführt wurde:

*„Wenn von Originalmilitärgewehren der Original-
lauf entfernt und ein Lauf eingesetzt wird, mit
dem unsere Schützen nur mit Bleigeschossen
schießen können, unterliegen sie nicht der Ablieferungspflicht."*

Bis zur Mitte des Jahres 1920 hatten einige Funk-
tionäre des Schützenbundes die Hoffnung, das

---

[147] Allgemeinen Deutschen Schützenzeitung 1923, Nr.
36
[148] DSZ 1929 Nr. 27

neue Reichsheer würde ein Milizheer nach Schweizer Vorbild. Dann könnte es zukünftig engere Verbindungen zwischen Militär und Schützenbund geben. Peter Leindecker[149] richtete deshalb einen Appell[150] an die in Weimar tagende Nationalversammlung:

„Bei rechtzeitiger und grundlegender Mitarbeit seitens der Vorstandschaft des Deutschen Schützenbundes müsste es gelingen, denselben nicht nur in sportlicher Beziehung weiter zu festigen, sondern demselben als Vereinigung für des Vaterland Schutz und Wehr eine achtungsgebietende, machtvolle Stellung zu sichern."

Der am 28. Juni 1919 geschlossene Friedensvertrages von Versailles[151] legte im Artikel 177 fest:

Erziehungsanstalten, Universitäten, Kriegervereine, Schützen-, Sport- oder Wandervereine und überhaupt Vereinigungen jeglicher Art, einerlei wie alt ihre Mitglieder sind, dürfen sich mit keinerlei militärischen Dingen beschäftigen.

Insbesondere ist es ihnen verboten, ihre Mitglieder in der Handhabung oder im Gebrauch von Kriegswaffen zu unterrichten oder auszubilden, oder sie hierin unterrichten oder ausbilden zu lassen.

Diese Gesellschaften, Vereinigungen, Erziehungsanstalten und Universitäten dürfen keine

---

[149] Peter Leindecker gehörte zum Vorstand des Deutschen Schützenbundes, war Stadtbaumeister in München, Fachmann für Schießstandsbau und 1. Landesschützenmeister der Einwohnerwehr Bayern.
[150] Illustrierte Bayerische Schützenzeitung 1919 Nr. 8
[151] Reichsgesetzblatt 1919 S. 687-1350

Verbindung mit den Kriegsministerien oder irgendwelchen anderen militärischen Behörden haben.

Deshalb erließ die Reichsregierung am 22. März 1921 ein „Gesetz zur Durchführung der Artikel 177, 178 des Friedensvertrages", das im Artikel 1 festlegte[152]:

„Geht aus der Satzung oder dem Verhalten einer Vereinigung hervor, daß ihr Zweck im Widerspruche zu den Bestimmungen der Artikel 177, 178 des Friedensvertrags steht, so ist sie aufzulösen."

Am 25. Juni 1921 beschloss[153] der in Nürnberg tagende Gesamtausschuss:

"Den Schützengesellschaften, die dem Deutschen Schützenbund angehören, ist auf Grund der Bestimmungen des Friedensvertrages sowie des Entwaffnungsgesetzes verboten, mit Militär- beziehungsweise Wehrmanns-Gewehren schießen zu lassen."

Außerdem musste auf Grund des Gesetzes vom 22.03.1921 die Satzung geändert werden, was in der Sitzung[154] vom 16./ 17. Juli 1921 erfolgte:

„Der Vorsitzende führte weiter aus: ... Die Bestimmungen des nunmehr in Kraft getretenen Entwaffnungsgesetztes sowie des §177 des Friedensvertrages zwingen uns zu einer sofortigen Änderung der Bundessatzungen. Namentlich §2 derselben, der als Bundeszweck die Hebung der

---

[152] Reichsgesetzblatt 1921 Nr. 30
[153] DSZ 1921 Nr. 26
[154] DSZ 1921 Nr. 17/18

Wehrfähigkeit des deutschen Volkes angibt, sowie die Paragraphen, welche Armeegewehrschießen behandeln, müssen sofort entsprechend geändert werden. Auch wenn alle diese Bestimmungen für uns praktisch schon längst in Wegfall gekommen sind, so gebietet doch die Gefahr, daß auf Grund derselben unser Bund sowie die ihm angehörenden Schützenvereine einer Auflösung verfallen könnten, Veranlassung zur Änderung."

In der neuen Satzung wurde der §2 (Bundesziele) jetzt so gefasst:

„§2. Der Zweck des Deutschen Schützenbundes ist die Verbrüderung aller deutschen Schützen, Vervollkommnung in der Kunst des sportlichen Schießens und die Versicherung der Bundesangehörigen gegen Zieler- und Haftpflichtunfälle."

Gleichzeitig wurden sämtliche Regelungen zum Schießen mit Armeegewehren aufgehoben. Weiter führt das Sitzungsprotokoll aus:

„Die Aufnahme des Kleinkaliberschießens in unseren Bundesvereinen wird freudig begrüßt und soll möglichst gefördert werden. ..."

Die Inflation führte den Schützenbund fast in die Katastrophe. Ende 1922 war die Situation so schlimm geworden, dass der Bundesvorstand die Vereine und Gilden um Spenden bitten musste[155]:

„Durch die katastrophale Entwertung der Mark steht unser Deutscher Schützenbund vor dem Zusammenbruch. ...

---

[155] VDSZ 1923 Nr. 14

*Wir dürfen daher wohl an unsere Bundesvereine
und Kameraden die herzliche Bitte richten, durch
größere freiwillige Spenden zur Erhaltung unseres Bundes beizutragen."*

Trotz der Spenden verschlechterte sich die Situation des Schützenbundes. Da auch der Verzicht auf
die wöchentliche Herausgabe (die Schützenzeitung
erschien nur noch einmal im Monat) die finanziellen Möglichkeiten des Schützenbundes nicht verbesserte, mussten Anfang 1923 die Rechte an der
Deutschen Schützenzeitung verkauft werden. Käu-
fer war der Verlag, der die bayerische Schützenzeitung herausgab. Auch das half nicht, die finanzielle Situation wurde immer schlimmer. Letztlich traten der Präsident des Schützenbundes, sein Stell-
vertreter und der Schatzmeister zurück[156].

*„in Nürnberg am 3. November 1923
Nach dem Protokoll des Gesamtvorstandes am
21. Oktober haben die bisherigen geschäftsfüh-
renden Vorstandsmitglieder Richter, Dessart und
Brentano ihr Amt niedergelegt und rücken somit
die Ersatzmänner Braun und Lorenz auf.
Der geschäftsführende Vorstand setzt sich nunmehr wie folgt zusammen:*

*Hans, Braun, 1. Vorsitzender,
Peter Lorenz, stellvertretender Vorsitzender,
Wilhelm Habrich, Schatzmeister,
Oscar Rose, Schriftführer."*

Die wirtschaftliche Situation der meisten Vereine
war ähnlich. Ihr in Kriegsanleihen angelegtes Vermögen war wertlos und das über Beiträge und an-

---

[156] VDSZ 1923 Nr. 43

dere Zahlungen zufließende Bargeld verlor täglich
an Wert. Die dem Militär während des Krieges für
Ausbildungszwecke überlassenen Schießplätze waren ruiniert, Kugelfänge und Blenden zerschossen
und Mittel zur Sanierung fehlten.

Nachdem sich nach der Einführung der Renten-
mark die Zustände wieder stabilisierten, wurde mit
der maßgeblich von Peter Lorenz vorangetriebenen
Neugestaltung des Schützenwesens begonnen. Den
Anfang machte die Einführung[157] einer „Deutschen
Schieß-Meisterschaft:

> „Der Deutsche Schützenbund hat auf Anregung
> aus Schützenkreisen beschlossen, eine Deutsche
> Schieß-Meisterschaft zu schaffen. Mit dem Ent-
> wurf wurde Herr P.Lorenz betraut, ... Dieselbe
> wird in drei Klassen, Bronze, Silber und Gold
> vergeben, und zwar auf Stand 175m, auf Feld
> 300m und Wehrmannsgewehr 175m, auch die
> Pistole auf 35m soll noch einbezogen wer-
> den....Als Gegenstand der Auszeichnung ist un-
> ser Bundesabzeichen, in feiner verkleinerter
> Form, als Nadel tragbar, gedacht. ..."

Die Schießmeisterschaft konnte ein Schütze erringen, wenn er nachweisbar eine vorgegebene Ringzahl erreicht hatte. Für das Wehrmannsgewehr
waren hier folgende Ringzahlen festgelegt[158]:

> „Wehrmannsgewehr 175m, Lorenz´sche Wehr-
> mann-Gewehrscheibe: Bronze 210 Ringe, Silber
> 225 Ringe, Gold 240 Ringe. 5 Schuss stehend, 5
> Schuss kniend, 5 Schuss liegend freihändig".

---

[157] VDZS 1924, Nr. 16
[158] VDSZ 1924, Nr. 21

Diese Festlegung zeigt, dass schon 1924 wieder mit Wehrmannsgewehren geschossen wurde. Wenn ein Schütze die Ringzahl erreicht hatte, erhielt er auch eine Urkunde.

Urkunde für einen "Meisterschützen" [159]

---

[159] Mit freundlicher Genehmigung von Michael Hammer, Wuppertal

Das „Meisterschießen" war im Schützenbund nicht unumstritten[160]:

> *„Gleich an dieser Stelle möchte ich bemerken, daß ich ... das Er- und Hervorziehen „großer Kanonen ... und Rekordkünstler völlig verwerfe, denn wir wollen und müssen dem Volke nutzen, seine Durchschnittsleistungen in vernünftiger Weise zu heben. (Was nützt es dem Schwimmen, wenn z.B. jemand den Kanal bezwingt?)"*

Selbst im Vorstand des Schützenbundes gab es Vorbehalte gegen das „Meisterschießen", auch wenn sie erst später geäußert wurden[161].

Ein Zeichen der Stabilisierung war, dass es gelang, die „Deutsche Schützenzeitung" ab 01. Februar 1925 wieder selbst herauszugeben[162].

Bekanntmachung.

Die „Vereinigte Deutsche Schützenzeitung" stellt mit dem 30. Januar 1925 ihr Erscheinen ein, da sich die bisher darin zusammengelegten Zeitungen

„Deutsche Schützenzeitung" und „Bayerische Schützenzeitung"

wieder auf eigene Füße stellen und jede für sich allein ab 1. Februar 1925 zur Ausgabe gelangt.

Die Verlagsrechte an diesen neuen und doch alten Zeitungen gehen an die früheren Inhaber derselben zurück und zwar von der „Deutschen Schützenzeitung" an den Vorstand des Deutschen Schützenbundes, Nürnberg, äußere Laufergasse 11a, und von der „Bayerischen Schützenzeitung" an Herrn R. Meinel, München, Rumfordstraße 23/II, sodaß in jedem Falle die sichere Gewähr geboten ist, daß durch die anstelle der „B. D. Sch.-Ztg." zur Ausgabe kommenden beiden Zeitungen dem Schützenwesen in althergebrachter Art gedient wird.

Aus nachfolgenden Bekanntmachungen der künftigen Verlagsinhaber bitten wir, alles Nähere hinsichtlich des Weiterbezugs usw. zu ersehen.

Unseren Mitarbeitern, Inserenten und Abonnenten danken wir für die treue Unterstützung der „B. D. Sch.-Ztg.", auch in der schwierigen Zeit der Inflation. Wir bitten, auch den neuen Zeitungen diese Unterstützung angedeihen zu lassen, damit jede der beiden Zeitungen kraftvoll Zeugnis geben kann von der Größe und Bedeutung des deutschen Schützenwesens. Gut Glück!

Verlag der „Vereinigten Deutschen Schützenzeitung".

Später wurde auch mit der Einrichtung eines Schützenmuseums begonnen.

---

160 DSZ 1927 Nr. 40
161 DSZ 1933 Nr. 2
162 VDSZ 1925, Nr. 3

Deutsches
Schützen-Museum
Nürnberg
Albrecht-Dürer-Platz 10.

Bundesvereine!
Schützenbrüder!

vergeßt die Sammlungen
unseres Museums nicht. Stiftungen von alten Waffen,
Fahnen, Scheiben, Urkunden,
Uniformen, Bechern, Münzen
usw. fortlaufend erbeten und
willkommen, auch als Leihgabe.

163

In Hannover wurde 1924 ein Schützentag abgehalten, auf dem der Antrag gestellt wurde, eine einheitliche Schießordnung zu entwickeln. Der Antrag wurde abgelehnt, die Ablehnung so begründet[164]:

> *„Wenn Sie aber glauben den gesamten Schießsport unter einen Hut zu bringen, dann täuschen Sie sich. ... Aber wir können die verschiedenen Vereine nicht unter einen Hut bringen, wir würden uns nur eine furchtbare Arbeit machen, ohne daß etwas herauskäme."*

Die Ablehnung zeigt indirekt, dass der Schützenbund so gut wie keinen Einfluss auf die Ausgestaltung des Schießens in den Vereinen hatte.

---

163 DSZ 1933 Nr. 27
164 VDSZ 1924, Nr. 35

Auf der Gesamtvorstandssitzung vom 22. Juli 1924 in Hannover stellte Peter Leindecker den Antrag[165]:

„Das Wehrmannsgewehrschießen ist in die Bundessatzung wieder aufzunehmen. Die §§ 43,45 und 47 sollen wieder ihre frühere Fassung erhalten, nur soll anstelle des Wortes „Armeegewehr" das Wort „Wehrmannsgewehr" treten."

Das Protokoll vermerkt dazu:

„Die gewünschte Aenderung kann vielleicht schon im nächsten Jahre geschehen, vorläufig soll aber das Wort „Lorenzgewehr" beibehalten werden."

Das Wehrmannsgewehr wurde unter dem Namen „Lorenzgewehr[166]" also schon 1924 wieder sportlich verwendet, wenn auch nicht bei allen Wettkämpfen. So schreibt G.Block aus Gifhorn in einem Beitrag[167] unter dem Titel „Sportliches Schießen":

„.. Da unser Wehrmannsgewehr wegen der Nichtverwendbarkeit der Original-Armee-Munition nicht abgabepflichtig ist, stellt es für sportliche Schießen eine ideale Waffe dar und es wäre sehr bedauerlich, wenn es von unseren Schießständen ganz verschwände. Leider ist es im letzten Jahre bei verschiedenen größeren Schießen nicht mehr zugelassen worden. ... Ich will keine Zukunftspläne machen, aber ich glaube, die Uebung mit dem Armeegewehr könnte für unseren Schützennachwuchs vielleicht doch einmal von nicht zu unterschätzender Bedeutung sein. Hier will ich aber als unbedingt nötig be-

---

[165] VDSZ 1924 Nr. 36 S. 3
[166] Namensgeber ist hier Peter Lorenz
[167] VDSZ 1924 Nr. 2

fürworten, daß die drei Stellungen liegend, knie-
end und stehend freihändig vorzuschreiben sind.
... "

Ein Herr von Ihmis schreibt[168] unter dem Titel „Der
Deutsche Schützentag 1924" über das Wehrmannsgewehr:

> *„Würde es stillschweigend möglich sein, unserm*
> *„Stutzen ohne Diopter und Stecher" wieder einen*
> *Platz zu sichern, so wäre der Erfolg des Tages*
> *von vornherein ein voller. "*

1927 wurde Peter Lorenz zum Vorsitzenden des
Schützenbundes gewählt, 1929 wurde eine neue
Satzung beschlossen.

Mannschaftswettkämpfe um die Meisterschaft des
Deutschen Schützenbundes wurden erstmalig
1928 in Erfurt ausgetragen. In der Sitzung der
Schießordnungskommission vom 13. Januar 1929
wurden Regeln für zukünftige Meisterschaften auf
Gau-, Bezirks- und Landesebene und für die Teilnahme an den deutschen Meisterschaften formu-
liert. Diese „Schießbestimmungen ..." sind so etwas
wie die Geburtsurkunde des modernen Sportbetriebs, denn hier ist erstmals ein geregeltes Verfahren für die Qualifikation zur Deutschen Meisterschaft und die Pflicht zur Abhaltung von Gau- und
Bezirksmeisterschaften festgelegt.

---

[168] VDSZ 1924 Nr. 3 S. 2

Schießbestimmungen für die Mannschaftskämpfe um die Meisterschaft des Deutschen Schützenbundes
laut Sitzungsbeschluß der Schießordnungs-Kommission vom 13. Januar 1929.

(Nachdruck verboten.)

§ 1.
Bezirke.

Jeder Bezirk des Deutschen Schützenbundes ist durch seinen Vorstand in Gaue einzuteilen. (S. § 7.)

§ 2.
Gaue.

Für jeden Gau ist ein Gauleiter vom Bezirksvorstande zu ernennen und sind die Namen der Gauleiter der Geschäftsstelle des Deutschen Schützenbundes zu melden. Die Gauleiter haben folgende Geschäfte zu besorgen und sich zu verpflichten, die ihnen übertragenen Geschäfte pünktlich und einwandfrei zu erledigen.

1. Einforderung der Meldungen der Gesellschaften.
2. Bestimmung der Gesellschaften, die miteinander zu kämpfen haben.
3. Bestimmung der Schießstätte, auf der die Mannschaftskämpfe um die Gaumeisterschaft zur Austragung kommen. Es müssen mindestens zwei Vereine auf der gleichen Schießstätte und zu der gleichen Zeit den Gaumeisterschaftskampf zur Austragung bringen (S. § 7).
4. Sofortige Weiterleitung der Schießergebnisse an den Bezirksvorstand und an die Geschäftsstelle des Deutschen Schützenbundes, Nürnberg, Albrecht-Dürer-Platz 10.

§ 3.
Schießbestimmungen.

Es wird nach den Schießbestimmungen des Deutschen Schützenbundes geschossen; eine Abweichung bildet das Wehrmanns- und Kleinkaliber-Schießen. (S. § 4.)

Die Mannschaftskämpfe dürfen nicht mit der Abhaltung eines öffentlichen oder größeren Preisschießens verbunden werden.

Jede Gesellschaft, welche die Ausrichtung eines Verbands- oder Bundesmeisterschaftskampfes übernimmt, hat die volle Verantwortung für die Durchführung des Mannschaftskampfes und ist unter Umständen ersatzpflichtig, wenn der Kampf durch die Schuld des Vereins nicht durchgeführt werden kann. Die endgültige Entscheidung über die Ersatzpflicht unterliegt der Beurteilung der Schießordnungskommission. (S. § 16.) Die Mannschaftskämpfe bis zum Gau- und Bezirksmeister können an einem Tage gegen mehrere Vereine ausgeschossen werden. (S. § 7 und § 8.)

Die vom Deutschen Schützenbund ausgegebenen Vordrucke sind stets zu verwenden.

§ 4.
Entfernungen für die Mannschaftskämpfe.

Die Mannschaftskämpfe müssen auf folgenden Entfernungen ausgetragen werden:

1. Feld 300 Meter, stehend freihändig.
2. Stand 175 Meter, stehend freihändig.
3. Wehrmann 175 Meter, stehend, kniend oder sitzend, liegend, freihändig. (Siehe Abbildung am Schlusse dieser Bestimmungen.)
4. Kleinkaliber, 50 Meter, stehend, kniend oder sitzend, liegend, freihändig. (Siehe Abbildungen am Schlusse dieser Bestimmungen.)
   Der Schütze ist bei Wehrmann und Kleinkaliber an keine Reihenfolge der drei Stellungen gebunden.
5. Pistole 35 Meter, stehend freihändig, ohne Zuhilfenahme des anderen Armes.

§ 5.
Mannschaft.

Jede Mannschaft besteht aus 5 Schützen, von denen je einer für eine der 5 Scheibengattungen zu melden ist. Die Schützen müssen einer Gesellschaft angehören. Jede Gesellschaft kann nur eine Mannschaft stellen. An jedem Orte, wo sich keine Mannschaft zusammenfindet, können sich die Mitglieder der dortigen Gesellschaft bei einer anderen Gesellschaft, die eine Mannschaft stellt, und deren Mitglieder sie sein müssen, beteiligen, vorausgesetzt, daß beide Gesellschaften dem gleichen Gau angehören. Die Mitgliedschaft bei dieser Gesellschaft muß seit Beginn des Kalenderjahres bestehen. Ein Schütze kann nur für eine Gesellschaft schießen. Die gemeldete Mannschaft kann sich in sich umgruppieren und darf nur durch ihre gemeldeten Ersatzleute ersetzt werden.

§ 6.
Meldung.

Die Meldungen für die Gaukämpfe müssen bis 10. April eines Jahres vom Gauleiter dem Bezirksvorstand und der Geschäftsstelle des Deutschen Schützenbundes, Nürnberg, Albrecht-Dürer-Platz 10, mitgeteilt werden. Mit der Meldung sind gleichzeitig die Ersatzleute zu nennen. Es ist dringend notwendig, daß bei den Meldungen Vor- und Zuname der Schützen, nebst den Anschriften des Vereins in deutlicher Schrift angegeben werden.

§ 7.
Gaukämpfe.

In den Gauen hat jede Gesellschaft mit jeder gemeldeten Gesellschaft des Gaues zu kämpfen. Die Kämpfe müssen bis 15. Juni ausgetragen sein und die Resultate schriftlich gemeldet werden. Beteiligen sich in einem Gau 8 und mehr Schützengesellschaften, so ist dieser Gau in einen A- und B-Gau zu teilen und erhält jeder Gau einen Gauleiter. Die Einteilung (Trennung) untersteht dem Bezirksvorstand. Meldet sich aus einem Gau nur eine Mannschaft, so muß diese in dem Gaumeisterschaftskampf eine Mindestanzahl von 830 Ringen erreichen, um den Titel Gaumeister zu erhalten.

§ 8.
Bezirkskämpfe.

Die Gaumeister kämpfen um die Bezirksmeisterschaft.

Jeder Gaumeister kämpft mit jedem Gaumeister seines Bezirkes. Zeit und Ort der Mannschaftskämpfe der Bezirksvorstand. Um sich gegenseitig beobachten zu können, müssen die Bezirksmeisterschaftskämpfe mindestens von zwei Gaumeisterschaftsmannschaften an einem Tage und auf der gleichen Schießstätte ausgetragen werden. Die Kämpfe werden von zwei vom Gau- oder Bezirksvorstand anerkannten Aufsichtspersonen überwacht. Es wird anheimgegeben, die Mannschaftskämpfe an einem Tage und möglichst auf einer neutralen Schießstätte stattfinden zu lassen.

§ 9.
Nord-, Süd-, Ost-, West- und Mitteldeutsche Verbandsmeisterschaft.

Die Verbandsmeisterschaften werden von den betreffenden Bezirksmeistern ausgetragen. Die Grenzen für diese 5 Verbände sind von dem Schießordnungskommission nach der Gebietskarte der Bezirke festgelegt.

§ 10.
Schießen um die Verbandsmeisterschaft.

Die miteinander kämpfenden Mannschaften haben auf einer vom Vorsitzenden der Schießordnungskommission bestimmten, möglichst neutralen Schießstätte zu gleicher Zeit mit dem Schießen zu beginnen, soweit die Anlage der Schießstätte die überwachung zuläßt. Für die Kämpfe um die Verbandsmeisterschaft werden Ort und Zeit im Einvernehmen mit den Bezirksvorständen vom Vorsitzenden der Schießordnungskommission bestimmt. Jede Verbandsmeisterschaft muß an einem Tag ausgetragen werden.

§ 11.
Deutsche Bundesmeisterschaft im Mannschaftskampf.

Die Deutsche Bundesmeisterschaft im Mannschaftskampf wird von den 5 Verbandsmeistern Nord, Süd, Ost, West, Mitte ausgekämpft. Jeder der 5 Verbandsmeister hat gegen jeden anderen zu kämpfen. Ort und Zeit des Kampfes bestimmt der Vorsitzende der Schießordnungskommission. Die Schützengesellschaft der Stadt, in welcher die Bundesmeisterschaft ausgekämpft wird, hat entsprechend der sportlichen Bedeutung dieses Ereignisses für die Ausstattung und Bekanntgabe durch die Presse Sorge zu tragen.

§ 12.
Scheiben und Waffen.

a) Scheiben:

Für die Kämpfe sind die vom Deutschen Schützenbund für die Schützenmeisterschaften vorgeschriebenen Scheiben zu verwenden. (Für Wehrmann Lorenzsche Figurenscheibe.) Das Scheibenbild muß abnehmbar sein und die Schußlöcher sind mit durchsichtigem Papier zu verkleben. Die unbeschossenen Scheiben müssen vor dem Schießen von den Vertrauensleuten gezeichnet werden. Alle von den Vertrauensleuten gezeichneten Scheiben, beschossen oder unbeschossen, müssen der Kontrolle halber von den Vertrauensleuten zurückverlangt werden. Die beschossenen Scheiben nebst Schießlisten werden von den Vertrauensleuten abgenommen, nachgeprüft und aufbewahrt.

b) Waffen:

Vor allen Mannschaftskämpfen sind die Waffen auf ihre Vorschriftsmäßigkeit wie sie vom Deutschen Schützenbund verlangt werden, zu prüfen. (Vorschriftsmäßiges Keilkorn — s. Abbildung — für Wehrmannbüchse. S. § 4 der Schießordnung in den Bundessatzungen des Deutschen Schützenbundes und Abschnitt II Abs. 9 der Kleinkaliberschießbestimmungen.)

Die durch Störungen an der Scheibe verloren gegangene Zeit geht nicht zu Lasten des Schützen. Beim Versagen der Waffe wird dem Schützen die dadurch verloren gegangene Zeit angerechnet, für alle derartigen Vorkommnisse kann der Schütze eine Reservewaffe im Stand bereithalten, um sich ihrer im Bedarfsfalle zu bedienen.

§ 13.
Schußzahl.

Jeder Schütze hat 15 Schüsse hintereinander abzugeben; jeder Schuß gilt. Auf Wehrmann sind in jeder Stellung 5 Schüsse hintereinander abzugeben. Eine Stunde vor Beginn der Mannschaftskämpfe werden Probescheiben ausgestellt, die vor Beginn des Mannschaftskampfes wieder eingezogen werden. Nach Beginn des Kampfes dürfen keine Probeschüsse mehr abgegeben werden.

§ 14.
Schießdauer.

Die Schießdauer beträgt je 15 Minuten für Feld, Stand und Pistole und je 5 Minuten für jede Stellung für Wehrmann und Kleinkaliber, je vom Beginn des ersten Schusses an gerechnet.

§ 15.
Punktbewertung.

Die geschossenen Ringe der Fünfermannschaft werden zusammengezählt und ergeben
a) Sieg, wenn die eine Mannschaft mehr Ringe geschossen hat als die andere, zählt . . . . 2 Punkte;
b) Gleichheit der Ringe gilt für jede Mannschaft 1 Punkt;
c) Niederlage = (gleich) . . . . . 0 Punkte.

Bei Punktgleichheit der Gesamtpunktzahl entscheidet die Gesamtringzahl. Bei gleicher Punkt- und gleicher Ringzahl entscheiden die höchsten Ergebnisse in folgender Reihenfolge: Feld, Stand, Wehrmann, Kleinkaliber und Pistole. Sind alle Ergebnisse gleich, dann entscheidet das Los. Eine gemeldete Mannschaft, die nicht antritt, hat gegen die angetretene Mannschaft verloren und erhält 0 Punkte.

§ 16.
Schiedsgericht.

Bei Streitigkeiten entscheidet die Schießordnungskommission. Das Urteil ist unanfechtbar.

Bei Austragung der Bundesmeisterschaft bilden die anwesenden Schießordnungskommissionsmitglieder, soweit sie am Schießen nicht beteiligt sind, vor dem Mannschaftskampf ein Schiedsgericht, um etwa vorkommende Meinungsverschiedenheiten sofort zu schlichten. Sind nur 2 Mitglieder der Schießordnungskommission anwesend, so haben sie sich durch einen Unparteiischen zu ergänzen. Bei Stimmengleichheit gibt der Vorsitzende der Schießordnungskommission den Ausschlag.

§ 17.
Mannschaftskämpfe.

Die Mannschaftskämpfe finden alle Jahre statt.

§ 18.
Auszeichnungen.

Die Gaumeister, Bezirksmeister, Verbandsmeister und Deutschen Bundesmeister erhalten für ihre Gesellschaft Urkunden.

Jeder Schütze der einzelnen Mannschaft erhält eine Urkunde und eine Auszeichnung zum Tragen. Wird die gleiche Auszeichnung von demselben Schützen in darauffolgenden Jahren wieder erreicht, so wird kein neues Abzeichen verliehen, sondern es wird der neue Sieg in das erstmals errungene Abzeichen eingraviert und hierüber nur Urkunde ausgehändigt.

§ 19.
Vergütung.

Die Bezirksmeister erhalten freie Fahrt 3. Klasse und jeder Schütze ℳ 15.— als einmalige Gesamtentschädigung vom Deutschen Schützenbund. Beträgt die Fahrt mehr als 150 Kilometer, so erhöht sich die Entschädigung um weitere ℳ 15.—, also wird in diesem Falle außer der Fahrt insgesamt ℳ 30.— vergütet. Die Verbandsmeister erhalten ebenfalls freie Fahrt 3. Klasse sowie die Geldpreise nach § 20.

§ 20.
Geldpreise.

Die fünf Verbandsmeister, die zum Bundesmeisterschaftskampf antreten, erhalten für ihre Leistungen:
1. Deutscher Bundesmeister ℛℳ 350.— und den Wanderpokal (zugleich 1. Verbandsmeister).
2. Verbandsmeister . . . . . ℛℳ 250.—
3. Verbandsmeister . . . . . ℛℳ 225.—
4. Verbandsmeister . . . . . ℛℳ 200.—
5. Verbandsmeister . . . . . ℛℳ 200.—

§ 21.
Wanderpokal.

Der Pokal bleibt als Preis für ein Jahr im Besitze der siegenden Gesellschaft. Die Namen der Sieger und ihrer Gesellschaft werden jeweils in den Pokal graviert. Erringt eine Gesellschaft die Bundesmeisterschaft zum dritten Male ohne Rücksicht auf die Reihenfolge, so geht der Wanderpreis endgültig in ihren Besitz über.

§ 22.

Schießbestimmungen, Anmeldeformulare und sonstige Vordrucke können durch unsere Bezirksgeschäftsstellen, welche unsere Bundesmitgliedskarten herausgeben, bezogen werden und sind rechtzeitig anzufordern.

Wir ersuchen die Schießbestimmungen für die Mannschaftskämpfe zur Kenntnisnahme aller Schützen in den Schießständen anzuschlagen und zu veranlassen, daß sich Mannschaften baldigst melden.

Sitzender Anschlag für Wehrmann und Kleinkaliber laut § 4 der Schießbestimmungen.

Vorschriftsmäßiges Keilkorn laut § 12.

Die Weltwirtschaftskrise wirkte sich negativ auf den Verband, auf jeden Verein und jeden Schützen aus. In der Sitzung der Schießordnungskommission führte Peter Lorenz zu den Auswirkungen der

Krise und den dadurch bedingten Verschiebungen
bei den Disziplinen aus[169]:

*„Die sportlichen Leistungen haben sich Dank des
gegebenen Anreizes in erfreulicher Weise gegen
1931 nicht verschlechtert. ... Leider ist das von
der Bewegung der Mitglieder im Bunde nicht zu
sagen. Manchen hat die Not gezwungen, den
Sport aufzugeben. Die davon Betroffenen sind
meist Schützen von Großkaliber. Die Kurve in
unserem Schießsport für Großkaliber verläuft
abwärts, während sie in Kleinkaliber aufwärts
weist. Die Beteiligung am Schießen auf 300m ist
am meisten zurückgegangen. ... Ein Zugang aus
den Übergangsentfernungen findet nicht statt, da
die Schützen der kurzen Entfernung sich an die
lange Distanz nicht herantrauen und auch nicht
wollen wegen der Ausgaben. Dagegen ist ein Zugang von Kleinkaliber zum Wehrmannschießen
zu konstatieren. Der Kleinkaliber-Schütze findet
hier bereits ein verwandtes Gewehr vor, mit dem
er sich vertrauter fühlt als mit dem Stutzen...."*

Die Mitgliederbewegung[170] für das Jahr 1930 ver-
zeichnete einen Verlust von 4.000 Schützen aus
dem Großkaliberbereich und eine Zunahme von
6.000 Kleinkaliberschützen.

Die Idee des Einheitsgewehrs

Viele Schützen wünschten sich ein Gewehr, das
sich bei möglichst vielen Schießdisziplinen einsetzen ließ. Nach der Aufnahme des Wehrmannsgewehrs in das Schießprogramm der Bundesschie-

---

[169] DSZ 1933 Nr. 7
[170] Deutsches Schützenmuseum

ßen brauchte ein Schütze mindestens drei unterschiedliche Waffen (Scheibenbüchse, Keilerbüchse und Wehrmannsgewehr), wenn er sich an allen Disziplinen beteiligen wollte[171]:

> „... Hier möchte ich den Wunsch ausdrücken, die Waffenfabriken müßten sich ebenso wie in der Frage der Normalpatronen auf eine Spezial-Normal-Scheibenwaffe einigen, die möglichst alle Vorzüge der vielen Modelle in sich vereinigt. ... Die Schäftung muß aber eventuell auch ein bequemes Kniend- und Liegendschießen ermöglichen, was bei den jetzigen Scheibenbüchsen ziemlich schwierig ist. ...."

Fast schon prophetisch klingen die Schlussbemerkungen dieses Beitrags:

> „... so wird der Wunsch bezüglich der Einführung einer neuen Einheits-Scheibenwaffe wohl noch auf Jahre hinaus ein frommer bleiben, da sich dem wohl zu viele Hindernisse entgegenstellen. Heute haben die wenigsten Schützen die Mittel, ihre alten Waffen in die Rumpelkammer zu stellen und die wenigen, die es sich leisten können, sind leider zu dünn gesät, als daß es für die Fabriken verlockend wäre, große Aufwendungen an Zeit, Unkosten und Material für ein wenig einträgliches Geschäft zu machen."

Es sollte also eine preiswerte Waffe entwickelt werden, die sich in vielen Disziplinen einsetzen ließ und mit der auch liegend und kniend geschossen werden konnte.

---

[171] VDSZ 1925 Nr. 4 und 5

Im Präsidium des Deutschen Schützenbundes verband man mit der Einführung eines Einheitsgewehrs die Hoffnung, neue Mitgliederschichten erschließen zu können.

Zwischen 1927 und 1931 gab es zwei Versuche, eine solche Waffe zu entwickeln.

Die Wehrmanns-Scheibenbüchse

Bei der Waffenfabrik Mauser arbeitete man 1927/28 an Studien für ein Armeegewehr und entwickelte in dem Zusammenhang auch eine Waffe System 98 mit oben geschlossener Hülse. Da die geschlossene Hülse präzisionsfördernd war und sich auf der geschlossenen Systemhülse leicht ein Diopter montieren ließ, war ihre Verwendung im Sportwaffenbau naheliegend.

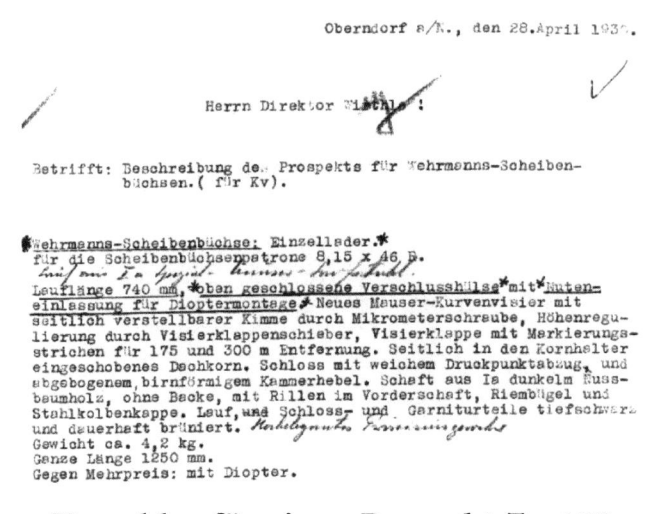

Vorschlag für einen Prospekt-Text[172]

---

[172] Aus: Mauser-Akten

Auf der Basis der Studien wurde jetzt in Oberndorf ein Gewehr entwickelt, das als Wehrmannsgewehr eingesetzt werden konnte und das sich nach dem Aufsetzen des Diopters als Scheibenbüchse verwenden ließ.

NB.   Es wurde in der Besprechung festgelegt,dass etwa 20 Wehrmannsbüchsen bis spätestens Anfang Juni fertiggestellt sein können,damit diese bereits auf dem Kölner-Bundesschiessen vertreten sein können.

Nachtrag zum Protokoll der Besprechungen vom 17.03.1930 und 21.03.1930

Die ersten Exemplare dieser neuen Büchse wurden auf dem Bundesschießen 1930 vorgestellt. Für diese Vorführ-Waffen wurden ausgesuchte Schafthölzer verwendet, um die Waffen optisch aufzuwerten.

Wehrmann-Scheibenbüche (Mauser-Prospekt, September 1930)

Legt man der Einschätzung der Waffe nur die Werbung zugrunde, war die Waffe ein Erfolg.

Wie für unsere sämtlichen übrigen ORIGINAL-MAUSER-WAFFEN, so werden auch für unsere Original-MAUSER-Wehrmanns-Scheiben-Büchse für die Schützenhülse 8,15 × 46 sämtliche Teile von uns lehrenhaltig und in bekannter Präzision hergestellt. Beim Kauf einer

Original-Mauser-Wehrmanns-Scheibenbüchse

besteht somit die Gewähr, eine Büchse mit dem bei Original-MAUSER-Fabrikaten selbstverständlichen Höchstmaß von Dauerhaftigkeit, Funktionssicherheit und vor allem Schußleistung zu erhalten.

Original-Mauser-Waffen tragen zur Unterscheidung von Nachahmungen unsere **MAUSER** (Schutzmarke) oder unsere Firma „Mauser-Werke (früher: Waffenfabrik Mauser) A.G., Oberndorf/N."

ANERKENNUNGSSCHREIBEN

Nachstehend einige Proben von den in großer Zahl uns unaufgefordert zugehenden Anerkennungsschreiben:

„... Wie Sie ja wissen, habe ich beim **Kölner Bundesschießen** um die **Deutsche Meisterschaft** auf 175 und 300 m von einer Entfernung von 175 m mit der **Original-Mauser-Wehrmannsbüchse** neuestes Modell geschossen. Was Qualität und Schußleistung anbetrifft, so ist ersteres hervorragend u. die Schußleistung **hervorragend übertreffend.** — Ich habe auf Wehrmann in drei Stellungen 481 Ringe geschossen. Dagegen mit der Scheibenbüchse 475, 300 m 429. Armee und Feld zusammen 910 Ringe und erhielt dadurch die **Deutsche Bundesmeisterschaft und kann ich diesen großen Erfolg nur auf die Wehrmanns-Büchse verbuchen...**"

L. B., Hof-Büchsenmacher in R. 9. 9. 1930.

... Auf dem Scheibenstand in Bad W. habe ich mit Ihrer Original-MAUSER-Wehrmanns-Scheibenbüchse 8,15×46 **sehr gute Erfolge erzielt** ..."

A. H., Bauunternehmer in R. (Rheinland) 14. 2. 1930.

... In unserem Krieger-Verein besitzen wir 4 Original-MAUSER-Wehrmannsbüchsen, mit denen wir **sehr gute Resultate** erzielt haben ..."

W. W. in D. (Weser) 4. 10. 1929.

„... Die bezogene Original-MAUSER-Wehrmanns-Scheibenbüchse 8.15 × 46,5 hat mich **voll befriedigt.** Gleich beim ersten Schießen habe ich auf 175 Meter liegend 19, 18, 20, 19, 17 = 95 Ringe erreicht; schon **ein Beweis, daß die Waffe gut ist** ..."

A. S., Kunstmühle in R. (Wttbg.) 19. 4. 1930.

Preis (ausschließl. Porto und Verpackung) ohne Diopter RM. 150.— mit Diopter RM. 170.—

Prospekte auch über die übrigen Modelle unserer Original-Mauser-Waffen kostenlos. Es wird um Angabe gebeten, ob Interesse für Original-Mauser-Kleinkaliber-Büchsen Original-Mauser-Repetier-Pürschbüchsen Original-Mauser-Zehnlader-Pistole Kal. 7,65 mm mit Anschlagkasten Original-Mauser-Selbstlade-Pistolen Kal. 6,35 mm 9Lader und 7,65 mm oder Original-Mauser-Selbstlade-Pistolen Modell W. T. P. (Westen-Taschen-Pistole) Kal. 6,35 mm besteht.

Lieferung der Original-MAUSER-Waffen erfolgt nur durch Waffenhandlungen / Zu beziehen durch:

MAUSER-WERKE AG.

OBERNDORF/NECKAR (Württbg.)

Werbematerial vom September 1930

Allerdings gab es Probleme. Da man beim Wehrmannsgewehr mindestens 1.500 Gramm Abzugs-

gewicht haben musste, hatte auch die Wehrmanns-Scheibenbüchse dieses Abzugsgewicht. Das
wurde von den an den Stecherabzug der Scheibenbüchsen gewöhnten Schützen als Nachteil empfunden. Hinzu kam, dass der Diopter der Wehrmanns-Scheibenbüchse konstruktionsbedingt weit
vom Auge entfernt war, was viele Schützen als stö-
rend empfanden. Auch das Korn der Wehrmanns-
Scheibenbüchse stellte ein Problem dar. Während
für Wehrmannsgewehre ein oben abgeflachtes
Dachkorn vorgeschrieben war, waren bei den
Scheibenbüchsen beliebige Kornformen zulässig.
Da es bei der Wehrmanns-Scheibenbüchse aber
keine Möglichkeit gab, das Korn schnell zu wech-
seln, war diese Waffe gegenüber der Scheibenbüchse im Nachteil.

Kommerziell war die Waffe kein Erfolg. In der Mau-
ser-Preisliste Oktober 1930 wurde die „Original-
Mauser-Wehrmanns-Scheibenbüchse" zum Preis
von 150,-RM angeboten; allerdings ohne den Diopter.

Das Einheitsgewehr

Auf der Tagung des Gesamtausschusses am 11.
Juli 1930 stellte der Württembergische Landesschützenverein den Antrag[173],

*„Der deutsche Schützenbund führt unter dem
Namen Sportgewehr des Deutschen Schützenbundes ein billiges Gewehr mit Normalpatrone
ein."*

---

[173] DSZ, 1930 Nr. 28

Beschreibung

Das Sportgewehr muß geeignet sein, die seither für Stand-, Feld-, Wehrmann-, und Jagdscheibe benützten Gewehre zu ersetzen; es muß die Reichweite des Kleinkalibergewehrs bis auf 300m erweitern. Es muß folgende Eigenschaften haben:

1. *Druckpunkt ohne Stecher, offene Zieleinrichtung wie das Wehrmanngewehr.*

2. *Das Gewehr darf nur Einzellader sein*

3. *Es muß Zylinderverschluß – den bekannten Mauserverschluß – und eine Sicherung haben.*

4. *Kolben glatt und ohne Fingerauflagen. Pistolengriff zulässig.*

5. *Die neuen Sportgewehre müssen dasselbe Kaliber haben, es ist nur eine Normalpatrone zulässig; diese muß im Handel wie seither die Kleinkaliberpatrone erhältlich sein. Der Preis des Gewehres im Handel darf 100 Mk., die Patrone 5Pfg. nicht übersteigen. ...*

Begründung

Die große Mehrzahl der Schützenvereine, welche im Deutschen Schützenbund zusammengeschlossen sind, müssen feststellen, daß ihre Mitgliederzahl von Jahr zu Jahr zurückgeht, während gleichzeitig die Kleinkaliberschützenvereine an Mitgliederzahl wachsen. Zum Beispiel in Württemberg besteht der Württ. Landesschützenverein seit 80 Jahren, er hat 2000 Mitglieder; der seit 6 Jahren bestehende Württ. Sportverband für Kleinkaliberschießen zählt 30 000, die seit 3 Jahren bestehende Sportabteilung des Württ. Kriegerbundes 17 000 Kleinkaliberschützen. So kommen dernach in Württemberg auf 2000 Schützen alten Systems 47 000 Kleinkaliberschützen. Man kann deshalb nicht sagen, die schlechte Zeit trägt die Schuld, daß die Schützenvereine nicht an Mitgliederzahl zunehmen. Nein, das alte System ist schuldig.

Ein Schütze alten Systems muß heute, wenn er ein Schützenfest besuchen will, mit sich führen, ein Gewehr für Stand und Feld, ein Wehrmanngewehr, ein Gewehr für die Jagdscheibe, dazu dreierlei Munition. ...

Das Ziel des Deutschen Schützenbundes muß sein, das Sportschießen zu verbilligen. Dazu gehört in erster Linie billige Beschaffung der Sportwaffe. ...

Kurz gesagt: „Der Deutsche Schützenbund muß da weiter bauen, wo die Reichweite der Kleinkaliberverbände aufhört, er muß ein Gewehr einführen, das die Reichweite des Kleinkalibergewehrs übertrifft."

Der Antrag wurde zwar abgelehnt, belegt aber deutlich die Anziehungskraft der preiswerten und überall beschaffbaren Kleinkalibermunition.

Die Mauser-Werke waren schon vor der Antragstellung über den Antrag informiert, wie ein Aktenvermerk vom 17.07.1930 zeigt:

„In der Deutschen Schützenzeitung vom 11.7.30 Nr. 28 ist auf Seite 2 der Antrag des Württ. Landesschützenvereins veröffentlicht ...

Es folgt sodann die - bei Mauser und Berka[174] in ihren Einzelheiten bereits bekannte – Begründung für die Einführung des Sportgewehres. Wesentlich an derselben ist der Hinweis, dass das Wehrmannsgewehr den Nachteil hat, dass es dazu keine billige Normalpatrone gibt und dass dieses Gewehr zur Verwendung auf die Jagdscheibe zu unhandlich ist....
Weiterhin betont Baurat Hengerer [Präsident des Württ. Landesschützenvereins], er hoffe, dass durch die bisherigen gemeinsamen Vorarbeiten, Mauser-Werke und die Berlin-Karlsruher Industriewerke, gegenüber den anderen Werken einen erheblichen Vorsprung haben. ..."

Die Firma Mauser führte schon im Mai 1930 (also bevor der Antrag auf Einführung einer als „*Sportgewehr des Deutschen Schützenbundes*" bezeichneten Waffe gestellt wurde) Schießtests mit einer speziell dafür neu entwickelten Randfeuerpatrone, Kaliber 6,5mm (Mauser-Zeichnungsnummer 12233E vom 26.03.1930) und einer als „Einheitsgewehr" bezeichneten Waffe durch.

Allerdings zeigen die Erprobungsberichte, dass die Präzision der neuen Randfeuerpatrone weder den Vorstellungen der Mauser-Werke noch den Hoffnungen der Schützen entsprach. Die Patrone blieb ein Experiment.

---

[174] Firmeninterne Abkürzung für die „Berlin-Karlsruher Werke".

Wu   Oberndorf a/N.,6.5.30.

                An
                        die technische Direktion.

Bericht über das Ergebnis der Prüfung mit Randfeuer-Patrone 6,5 mm
aus dem Einheits-Gewehr.

(Berlin-Karlsruhe hat 200 Patronen übersandt; davon waren 100 Stück mit
0,22 g und 100 Stück mit 0,24 g geladen).

        Es wurde zunächst mit den Patronen geschossen, welche mit
0,22 g geladen waren. Nach dem 16. Schuss traten andauernd Hülsenreisser
auf; diese waren jedoch nicht auf die Munition, sondern auf den zu
schwachen Verschluss der Büchse zurückzuführen. Nachdem dieser Mangel
beseitigt war, traten weder bei den Patronen mit 0,22 g noch bei denen
mit 0,24 g Hülsenreisser auf.

        Der Knall der Patrone selbst ist angenehm und gleichmässig;
ein Mattknaller wurde festgestellt. Geschossen wurde:

        I. Mit den Patronen welche mit 0,22 g geladen waren auf
            50 m - 100 m - 175 m und 300 m.

                    Ergebnisse.

        a) Auf 50 m von der Schulter ohne Fernrohr je 5 Schuss.

            Streuungskreis.   Beurteilung nach den Normen der
                                            Versuchsanstalt Wannsee für
                                            Kleinkaliber-Büchsen:

                    4,5 cm   gering

                    6,4 cm   gering

                    3,35 cm   gut

                    5,1 cm   gering

- 2 -

b) Auf 100 m Schiessmaschine ohne Fernrohr je 10 Schuss.

	Beurteilung nach den Normen der Versuchsanstalt Wannsee für Scheibenbüchs(
Streuungskreis.	
16,7 cm	gering
9,5 cm	genügend
9,6 cm	genügend
13,8 cm	gering
10,8 cm	genügend

c) Auf 175 m von der Schulter je 10 Schuss.

	Beurteilung nach den Normen der Versuchsanstalt Wannsee für Scheibenbüchsen:
Streuungskreis.	
31,2 cm	gering
29,5 cm	gering

d) Auf 300 m von der Schulter je 10 Schuss.

	Beurteilt nach den Normen der Versuchsanstalt Wannsee für Jagdbüchsen:
Streuungskreis.	
55 cm	gering

II. Mit den Patronen welche mit 0,24 g geladen waren auf

   100 m - 175 m - und 300 m.

a) Auf 100 m Schiessmaschine ohne Fernrohr 10 Schuss.

	Beurteilt nach den Normen der Versuchsanstalt Wannsee für Scheibenbüchsen:
Streuungskreis.	
11,2 cm	genügend

b) Auf 175 m von der Schulter 10 Schuss.

	Beurteilt nach den Normen der Versuchsanstalt Wannsee für Scheibenbüchsen:
Streuungskreis.	
24,7 cm	genügend

- 3 -

c) Auf 300 m von der Schulter 10 Schuss.

Streuungskreis.
Beurteilt nach den Normen der Versuchsanstalt Wannsee für Jagdbüchser

87 cm   gering.

Bemerken muss ich noch, dass die Kurve des Visiers für die
Patronen nicht stimmte.

Beim Schiessen auf 100 m musste das Visier um 2 Strich
höher genommen werden.

Beim Schiessen auf 175 m musste Visier 300 m genommen werde:

"   "   " 300 m "   " 400 m "   "

Ein Durchschlag für Berlin-Karlsruhe welche mit beiliegendem
Schreiben vom 23.4.30. um Bericht über das Schiessergebnis
ersucht hatte, liegt bei.

Abschlussbericht vom 06.05.1930

Der württembergische Antrag wurde von vielen
Mitgliedern des Schützenbundes heftig angegriffen.
So in einem längeren Beitrag[175]:

„Der Antrag des Württemberg. Landesschützen-
vereins würde, wenn ihm wider Erwarten statt-
gegeben werden sollte, unser Schützenwesen
nicht verbessern. Mit diesem Universalschieß-
prügel wird die Treffsicherheit unserer bisherigen
Waffen weder übertroffen noch verbessert. Die
dafür gedachte Einheitsmunition wird nicht billi-
ger, als wenn sich, wie bisher, der Schütze seine

---

[175] DSZ 1930 Nr. 29

*Patronen wieder selbst macht. Dies wäre aber
noch nicht das schlimmste; wir würden in den
Verdacht kommen, uns mit einer Kriegswaffe
bewaffnet zu haben und ein Verbot, wenn nicht
noch Schlimmeres, wäre die Folge."*

Es gab aber auch zustimmende Äußerungen[176]:

*„Der in sportlicher Hinsicht zielbewußte und
wohlbegründete Antrag läßt sich mit Schlagwor-
ten wie „Universalschießprügel" und im voraus
grundlos angezweifelter Treffsicherheit nicht ab-
tun. Die jetzige Vielheit (man braucht vier Büchsen, eine Pistole und Patronen dazu) wird schon
lange auch von älteren Schützen als eine unsin-
nige Last empfunden, ..."*

Das Präsidium des Schützenbundes erkannte das
eigentliche Potential dieses Antrags. In der Sitzung
der Schießordnungskommission vom 09. und 10.
Januar 1931[177] wurden Rahmenbedingungen für
ein Einheitsgewehr festgelegt und alle Waffenher-
steller eingeladen, sich an seiner Konstruktion zu
beteiligen.

*„Ich komme nochmals kurz auf den Antrag des
Württembergischen Landesschützenvereins zu
sprechen. In dem Antrag war ein Regiefehler insofern, als die Munitionsfrage mit dem Gewehr
verbunden war. Das mußte die Sache aussichts-
los machen. ... Es liegt überhaupt gar kein Be-
dürfnis vor, wenn die Schützenpatrone 8,15x46
durch nichts Besseres und Billigeres ersetzt
werden kann. .... Etwas anderes ist es mit der
Gewehrfrage. Ich habe mich mit der Idee des An-*

---

[176] DSZ 1930 Nr. 30
[177] DSZ 1931 Nr. 7

*trags des Württembergischen Landesschützen-
vereins weiter befaßt, unser Wehrmanngewehr
als wirkliches Einheitsgewehr zu gestalten, daß
es dem Scheibenstutzen mit all seinen Vorzügen
hinsichtlich Visierung und Stecher gleichkommt.
Nur so kann es den Schützen befriedigen und
trägt zur Belebung und Verbilligung unseres
Schießsports bei.*

*Die heutige wirtschaftliche Not der Zeit zwingt
uns zur Sparsamkeit und auch zur Rationierung
unserer Sportgeräte, soweit sie sich mit der
Sporteigenschaft des Schießens verträgt. Ich habe mich mit der Frage eingehend beschäftigt und
bin zu dem Schlusse gekommen, daß dies möglich ist, wenn folgende Voraussetzung gegeben
ist. Die Schützen, die bisher mit drei Waffen
Wehrmanngewehr, Scheibenstutzen für Stand
und Feld die Schießen besuchen, werden immer
weniger. Der Nachwuchs kann sich diese Ausgaben nicht mehr leisten und geht der hohen An-
schaffungskosten halber zum billigen Kleinkali-
ber- oder Wehrmannschießen über. Die innege-
habte ausschließlich führende Rolle des Schei-
bengewehrs im Schießsport wird durch Kleinkaliber und Wehrmann ihm streitig gemacht. Es
müßte somit ein Gewehr geschaffen werden, mit
dem sich die Wehrmann-, Stand- und Feldscheibe mit gleich guten Schußresultaten wie mit dem
Scheibenstutzen beschießen lassen. Der An-
schaffungspreis dürfte 120 bis 150 M nicht übersteigen. Dadurch würde den Kleinkaliberschützen finanziell der Weg zum Großkaliber erleich-
tert, ...*

*Die Möglichkeit ist gegeben, daß das Wehrmann-
gewehr durch Auswechslung weniger Gewehrtei-
le in einigen Minuten die Eigenschaft eines*

Scheibenstutzens erhält. ...Das so umgestaltete Wehrmanngewehr besäße alle Vorteile des Scheibenstutzens und könnte sich auch in Schußleistung mit demselben messen. In gleicher Weise und Zeit müßte es wieder in das vorschriftsmäßige Wehrmanngewehr umzugestalten sein.

Meine werten Kollegen: So stelle ich mir das umstellbare Wehrmann-Lorenz-Gewehr vor. ..."

Das neue Einheitsgewehr sollte die Eigenschaften eines Feuerstutzens und eines Wehrmannsgewehres vereinigen. Waffentechnisch war das eine Herausforderung. Um ein Einheitsgewehr vom Wehrmannsgewehr zum Feuerstutzen und zurück umzurüsten, mussten Abzug, Kimme und Kornträger ausgewechselt werden und der Diopter an- oder abgebaut werden.

Viele Schützen befürchteten, dass das Einheitsgewehr den Scheibenstutzen verdrängen würde:[178]

„... unsere jetzigen Scheibenwaffen sind gut, werden damit nicht die denkbar besten Resultate erzielt? Die Waffen liegen auf jeder Entfernung auch den älteren Kameraden bequem, und mit den älteren Kameraden müssen wir sehr rechnen; wer mit den heutigen Waffen nichts erreicht, wird mit dem neuen „Einheitsgewehr" erst recht nichts erreichen. Oder liegt hier ein groß angelegter Geschäftstrick dahinter? Solche Experimente sollte man in der denkbar schlechtesten Geschäftslage, die die Welt je gesehen hat, unterlassen. ... denn sonst wird kein Schütze in diesem und im nächsten Jahr daran denken, sich

---

[178] DSZ 1931 Nr. 16

*eine neue Scheibenbüchse zu kaufen und den
Schaden hätte doch unsere schon schwer dar-
niederliegende Waffenindustrie und letzten En-
des auch der Deutsche Schützenbund. "*

Auch andere Schützen äußerten Bedenken[179]:

*„ ...Um es kurz zu sagen, die neue „Zukunfts-
waffe" soll die altbewährte und gute Blockschei-
benbüchse verdrängen.*

*Als alter und erfahrener Schütze möchte ich ...
meine großen Bedenken kundgeben und der
Schießordnungskommission dringend raten, mit
ihren Beschlüssen nicht voreilig zu sein, denn
der ersehnte Erfolg dürfte sehr leicht ins Gegen-
teil umschlagen. .... Es ist ja gänzlich ausgeschlossen, daß eine verkappte und geänderte
Wehrmannbüchse einer Blockbüchse nur annähernd gleichkommen kann. ... Wenn dann bei
der umgeänderten Wehrmannbüchse der Diopter
für 300m eingestellt wird, so hat der Schütze
überhaupt gar keine Anlage am Schaft mehr.*

Und Rich. Schmeer schreibt[180] unter dem Titel
Einheitsgewehr?:

*„...Also, ein Universalgewehr für alle Scheiben
bzw. Entfernungen, das Wehrmanngewehr soll
mit Stecher, Diopter, Perlkorn versehen werden;
dann müßte doch auch noch eine Aufsteckbacke,
wie man sie für Fernrohrbüchsen verwendet, benutzt werden, um auf 300m überhaupt einen Anschlag zu haben. Wenn man nun noch einen 6-
Millimeter-Erma-Einstecklauf mitführt, hat man
auch eine vorschriftsmäßige Kleinkaliberwaffe.*

---

[179] DSZ 1931 Nr. 14
[180] DSZ 1931 Nr. 19

Wer sich nun noch ein 4-Millimeter-Einstneckläufchen dazu nimmt, hat auch noch einen Zimmerstutzen. Also: 4-Millimeter--Zimmerstutzen, 6-Millimeter-„long-Rifle", Kleinkaliber 60 Meter, Wild, 100 Meter Wild, 175 Meter Stand und 300 Meter Feld, alles mit einem Gewehr nebst einer Kiste Zubehör. ... Jeder Schützenbruder hat schon mal ein Universal-Werkzeug, welches 15 Werkzeuge vereint und für nichts zu gebrauchen ist, gekauft. In jeder Rumpelkammer liegen Universalmaschinen, welche laut Prospekt 20 Spezialmaschinen vereinen, aber nach kurzer Zeit als unbrauchbar ausrangiert werden ...

Meiner Ansicht nach geht es dem Schützen mit dem Einheitsgewehr genau so, er kann mit der Büchse auf jede Scheibe schießen, aber er wird immer von Schützen mit Spezialgewehren überboten werden ..."

Peter Leindecker (als Mitglied des Vorstandes) versuchte, die Vorbehalte und Ängste der Schützen abzubauen[181].

„In Schützenkreisen erörtert man zur Zeit als akut die Fragen: Ist es richtig, daß durch das Einheitsgewehr das Wehrmannsgewehr und das Scheibengewehr (Stutzen) vollständig aus dem Schützenbund verdrängt wird? Das ist niemals beabsichtigt gewesen. ... Schiedlich, friedlich wird und soll neben dem Feuerstutzen, Scheibengewehr und Wehrmannsgewehr das Einheitsgewehr im Schützenstand gehandhabt werden. Wie sich die Einführung der neuen Waffe als Einheits-Gewehr im Deutschen Schützenbund

---

[181] DSZ 1932 Nr. 4

durchsetzt, wird ganz der Zeit und den Schützen überlassen. ..."

Einige Schützen wünschten sich weniger ein neues Gewehrmodells als Reformen im Schützenwesen[182]:

„Lorenz-(Wehrmann-)Gewehr und Kleinkalibergewehr sind die Waffen der Zukunft. Sie sind es aus Gründen der Leibesübung und aus nationalen Gründen.

Aber was nützt ein Einheitsgewehr, wenn ihm seitens der maßgebenden Organisationen nicht die nötige Förderung zuteil wird. Verständnis für die nötige Förderung des Lorenz-Gewehres und des Kleinkalibergewehres sind bundesvorstandsseitig vorhanden. Aber der Bundesvorstand kann es allein nicht machen, es muß vielmehr durch alle Bundesvereine der einheitliche Förderwille gehen, d.h. es muß mehr als bisher die Übung mit dem Lorenzgewehr im Schießprogramm jedes Vereins zu finden sein...."

In der Sitzung der DSB-Schießordnungskommission von 16.12/17.12.1931 legten die Firmen Mauser und Haenel den Vorgaben des Schützenbundes entsprechende Modelle ihres Einheitsgewehrs vor.

---

182 DSZ 1931 Nr. 11

Das neue Einheitsgewehr der Waffenfabrik Mauser-Werke A.-G. Oberndorf a. N.

Die Idee zu einem Einheitsgewehr für den Deutschen Schützenbund verdanken wir dem Antrag des Württembergischen Landesschützenvereins, den dieser zur Delegierten-Versammlung in Köln 1930 stellte.

nachgekommen: Mauser-Werke Oberndorf und C. G. Hänel, Suhl i. Thür.

Das Mauser-Einheitsgewehr entspricht in Kaliber, in seinen Abmessungen und seinem Gewicht dem vorschriftsmäßigen Wehr-

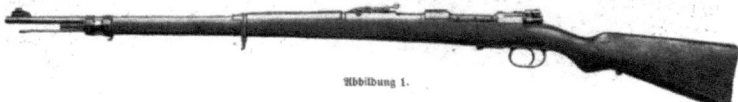

Abbildung 1.

War auch die Idee, die dem Antrag zugrunde lag, nicht ganz anwendbar, so wurde doch die Anregung dazu gegeben, sie brauchbar zu gestalten.

Der Vorsitzende des Deutschen Schützenbundes, der in ballistischen Fragen wie auf waffentechnischem Gebiet ein langjähriger

mannsgewehr des Deutschen Schützenbundes und ist wie dieses für die Schützenpatrone 8,15×46 eingerichtet.

In seiner äußeren Form weicht es vom Wehrmannsgewehr nur dadurch ab, daß sich vor dem Abzugsbügel ein kleiner Exzenterhebel befindet, daß Korn von vorne einschiebbar ist, am

Abbildung 2.

erfahrener Praktiker ist, forderte die Waffenfabriken auf, ein nach dessen Angaben in Nr. 7 der Deutschen Schützenzeitung vom

Kurvenvisier drei kleine Schrauben vorhanden sind und an der Kammerhülse links drei kleine kreisrunde Durchbrüche sich befinden. Mit diesen wenigen, kaum ins Auge springenden Abweichungen (Bild 1) sind die Voraussetzungen geschaffen, um das

Abbildung 3.

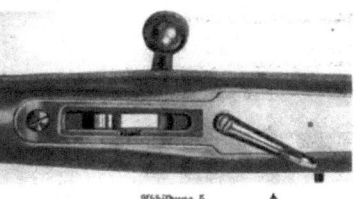

Abbildung 5.

Exzenterhebel

Gewehr innerhalb kürzester Zeit so umzugestalten, daß es dem Scheibenstutzen in allen seinen Vorzügen hinsichtlich Visierung und Stecher gleichkommt (Bild 2). Will nun der Schütze das Wehrmannsgewehr zum Scheibenstutzen umbauen, so genügt ein Druck auf den Exzenterhebel nach links, und mit einem Griff ist der aus einem Stück bestehende Abzug (Bild 3) samt Abzugs-

Abbildung 6.

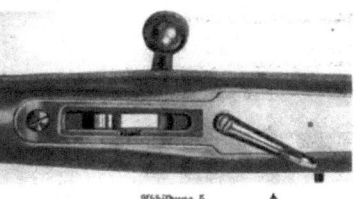

Abbildung 4.

13. Februar 1931 in eingehender Weise beschriebenes Einheitsgewehr zu bauen. Zwei Waffenfabriken sind dieser Aufforderung

bügel der Wehrmannsbüchse entfernt (Bild 4) und die Abzugsöffnung ist freigegeben (Bild 5). Ein weiterer Griff und der

183

---

[183] DSZ 1932 Nr. 10

ebenfalls aus einem Stück bestehende Abzugsbügel mit dreifachem Stecher (Bild 6) wird eingesetzt. Ein Druck auf den Exzenterhebel nach rechts und der Abzug mit Stecher sitzt gebrauchsmäßig fest (Bild 7). Das Ganze hat sich ohne jegliches Instrument in weniger als 15 Sekunden abgespielt.

Abbildung 7.

Einen weiteren Bestandteil vom Einheitsgewehr bildet der Diopter. Dieser Diopter (Bild 8) besteht aus einem nach Höhe und Seite verstellbaren Quer- und Vertikal-Support und außerdem einem Gewind zur Aufnahme der mit einem Sperrröhrchen versehenen Diopterscheibe. Der Grad der Verstellung nach Höhe und Seite geschieht mittels Mikrometerschrauben und kann an je einer Skala abgelesen werden.

Zum Befestigen des Diopters an der Verschlußhülle dient ein gebogener, nach der Innenseite entsprechend der Kammerhülse gewölbter Steg, welcher in der Mitte ein Gewindeloch und rechts

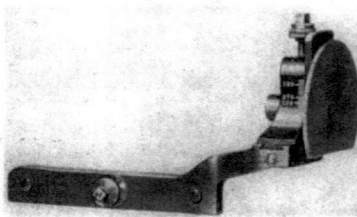

Abbildung 8.

und links davon an der Innenseite zwei Prisonstifte hat. Diese Stifte greifen in die entsprechenden kreisrunden Löcher der Verschlußhülse (s. Bild 1), während durch das Gewindeloch in der Mitte eine Schraube zum Befestigen des Diopters auf der Kammerhülse steckt (Bild 8).

Als Schraubenschlüssel wird hierbei der Diopterschlüssel (Bild 9) verwendet. Diese sehr einfache und rasche Befestigungsart gewährt einen unbedingt festen, gleichmäßigen Sitz des Diopters.

Da beim Schießen mit dem Diopter das Visier entfernt werden muß, nimmt man es auf die einfachste Weise ab. Man schraubt in den Visierfuß (Bild 10) vorne links das dort befindliche Schräubchen auf, schiebt das rechts und links in zwei schwalbenschwanzförmigen Einkröpfungen befindliche Visier zirka 2 Zentimeter nach rückwärts und hebt es ab.

Das Visier (Bild 10) besteht aus einem Visierfuß, einem eigentlichen Visier und der Visierklappe mit Schieber. ? Visierfuß vorne links befindet sich das bereits erwähnte Schräuchen zum Festhalten bezw. Lösen des ganzen Visiers. D eigentliche Visier (Kimmenblatt) ist mittels einer an der recht Seite befindlichen Mikrometerschraube seitlich verstellbar. ? Grad der Verstellung kann von der auf dem Schraubenbl angebrachten Ziffern und einer Skala auf dem Visier abgelef

Abbildung 9.   Abbildung 11 u. 12.

werden. Die Visierklappe enthält die Visiereinteilung 100, 1 und 300 Meter. Der Visierschieber wird durch das dritte lin am Visier befindliche Schräubchen festgehalten. Er endigt in einer rechts und links auf dem Visierfuß entlanglaufenden Kral die ein seitliches Ausweichen oder Wackeln des Visiers ausschließ

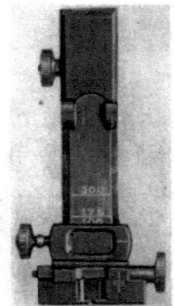

Abbildung 10.

Um das Wehrmannsgewehr zur vollständigen Scheibenbüch umzugestalten, wird das vorgeschriebene Dachkorn (Bild 11) gege ein feines Perlkorn (Bild 12) in der Weise ausgewechselt, da bis zu der vorn befindliche Feder niedergedrückt wird, de Dachkorn heraus- und das gewünschte Korn dafür eingeschobe Damit ist die Wehrmannsbüchse in eine Scheibenbüchse ver wandelt, wie sie Bild 2 zeigt.

Die ganze Arbeit der Umstellung beansprucht bequem ein bi zwei Minuten. Dazu bedarf es keines anderen Werkzeugs al des Diopterschlüssels zum Festschrauben des Diopters an de Kammerhülse.

Das Einheitsgewehr ist in Schußleistung einem Scheiber stutzen gleichwertig. Es bietet dem Schützen die große Bequemlic keit, bei Besuch von Schützenfesten nicht wie bisher für 300, 1 und Wehrmann je eine Waffe mitzuschleppen, sondern mit eine Waffe drei Scheibengattungen beschießen zu können.

Die Schützen, die dem Schießsport auch in gegenwärtige Notzeit treu bleiben wollen, werden das Einheitsgewehr au wirtschaftlichen Gründen begrüßen.

184

---

[184] DSZ 1932 Nr. 10

Intern kalkulierte die Waffenfabrik Mauser einen Verkaufspreis für das Einheitsgewehrs von 220 Mark.

Oberndorf,den 30.1.32.

Herrn Leon.-

Betr: Kalkulation Einheitsgewehre:

         Halte es für ausgeschlossen,dass wir für das Einheitsgewehr um Mk. 105 abgeben können gegenüber Wehrmanns gewehr Mk. 90. (150 - 4 0% = Mk. 90.-

M.E. kostet uns die Dicptereinrichtung,Stecherbügel pp. mindestens Mk. 30.- Dazu Verkaufsrabatt ergibt rd. Mk.70.- Da wir für das einfache Wehrmannsgewehr Mk. 150.- verlangen müssten wir für Einheitsgewehr rd. 220.- fordern und ist das auch berechtigt.

                        Technische-Direktion:
                        gez.Dir.Hirthle.

185

Erste Preiskalkulation zum Einheitsgewehr

Gleichzeitig versuchten die Mauser-Werke und die Firma Hähnel, sich intern über einen Preis für das Einheitsgewehr abzustimmen.

---

[185] Quelle: Mauser-Akten

Jd. Nr. .... **C**   Datum *4.Februar 32.*

Mitteilung von Abt. .... *K* .... an Abt. ....

Herrn Direktor Wirthle!

Betrifft: Einheitsgewehr.

    Herr Hähnel von der Firma C.G. Hähnel,Suhl, hat sich
kürzlich telefonisch mit mir in Verbindung gesetzt, um eine Ver-
ständigung über die Ausgabe und Verkaufspreise des Einheitsge-
wehres herbeizuführen. Ich werde voraussichtlich am 8.und 9.ds.M.
in Suhl sein, um einer Sitzung des Waffen-und Munitionsgewerbes
wegen dem Schusswaffengesetz und der Preissenkungen teilzunehmen.
Bei dieser Gelegenheit will ich von Hähnel hören, welche Ver-
kaufspreise er für sein Einheitsgewehr in Aussicht nimmt.

    Die Aufnahme der Serienfabrikation kann erst erfolgen,
wenn wir sehen, ob wir unsere Rechnung finden. Es muss daher
zunächst eine zuverlässige Vorkalkulation gemacht werden, auf
Grund welcher wir die Verkaufspreise festsetzen können. Kr ist
beauftragt, diese Vorkalkulation mit Pf durchzuführen. W

    Mit der Umänderung der vorhandenen Wehrmannsgewehre
bin ich nicht einverstanden. Wir sollten lieber versuchen,
die vorhandenen Wehrmannsgewehre durch Preisherabsetzungen abzu-
stossen. Die Frage des Einheitsgewehres ist noch nicht so ge-
klärt, dass die Serienfabrikation in Angriff genommen werden kann.

Ka 3 - 50 Bl. m. 50 Bl. u. D. - RG. I. 30

Abstimmung mit Hähnel über den Preis des Einheitsgewehrs

Das Präsidium des Schützenbundes sah den von
Mauser genannten Preis von 220 Mark als deutlich

zu hoch an. In einem Brief an die Firma Mauser
schrieb Peter Lorenz:

Deutscher Schützenbund.   Nürnberg,den 31.Mai 1932.
                                                 Albrecht-Dürer Platz 10.
    L/H.

        F i r ma :

          Mauser - Werke A.-G.

          Oberndorf a.N.
          ================
          Schliessfach 45.

      Aus Ihrem Schreiben vom 12.ds.Mts. ersehe ich,dass
Sie mit der Fabrikation des Einheitsgewehres zögern,da es
Ihnen fraglich erscheint,ob der zu erzielende Umsatz die Son-
dereinrichtungskosten für die serienmässige Herstellung deckt.

      Den von Ihnen angegebenen Einzelverkaufspreis des
Einheitsgewehres von Mk. 210.- halte ich für viel zu hoch,und
dürfte,wie Ihnen bereits früher mitgeteilt,das Einheitsgewehr
nicht über Mk.180.- im Einzelverkauf zu stehen kommen.-

      Was das Risiko der Herstellung des Einheitsgewehres
anbetrifft,so sehe ich hierin nicht allzu schwarz,denn ist es
erst auf den Markt gebracht und erhältlich,so wird es auch
verlangt.
      Die Umarbeitung der bereits im Gebrauch befindlichen
Wehrmannsgewehre in Einheitsgewehre steht nichts im Wege,
nur dürften die Kosten im Verhältnis zu einem neuen Einheitsgewehr im Preise von Mk- 180.- nicht im Einklang stehen.-

      Von einer Veröffentlichung in unserer Bundeszeitung
werde ich zunächst wunschgemäss Abstand nehmen.- Nachdem aber
vom Deutschen Schützenbund doch eine gewisse Reklame für das
Einheitsgewehr in unserer Bundeszeitung gebracht wurde,werden
die Schützen nicht verstehen,warum die Fabrikation des Einheits
gewehres unterbleibt und werden wir auch weiterhin diesbezgl
Anfragen erhalten.-

               Mit deutschem Schützengruss
               gez. Peter Lorenz.

Bei Mauser zögerte man mit dem Beginn der Fertigung, denn es lagen patentrechtliche Probleme vor
und die Preiskalkulation der neuen Waffe war noch
nicht abgeschlossen.

Oberndorf,den 30.1.32.

Herrn Leon.-

Betr: Kalkulation Einheitsgewehre:

Halte es für ausgeschlossen,dass wir für das
Einheitsgewehr um Mk. 105 abgeben können gegenüber Wehrmannsgewehr Mk. 90. (150 - 4 8% = Mk. 90.-
M.E. kosten uns die Dioptereinrichtung,Stecherbügel pp.
mindestens Mk. 30.- Dazu Verkaufsrabatt ergibt rd. Mk.70.-
Da wir für das einfache Wehrmannsgewehr Mk. 150.- verlangen
müssten wir für Einheitsgewehr rd. 220.- fordern und ist das
auch berechtigt.

Technische-Direktion:
gez.Dir.Wirthle.

Oberndorf,den 8.Juli 1932.

Herrn Direktor Zillinger.
-.-.-.-.-.-.-.-.-.-.-.-.-.-.-.-.-

Betr: Einheitsgewehr:

Da Einspruch von Bauer - lt.Herrn Patentanwalt
Korn keinerlei Bedeutung hat,können wir mit unseren Einheit-
gewehren jetzt herauskommen und schlage nochmals vor,zunächst
5o von den noch vorhandenen 1oo Wehrmannsbüchen umzubauen.-
Kalkulation ist bei "Kv".- Wir kommen bei einem
Ladenpreis von Mk. 18o.- dabei auf unsere Kosten.-
Was das Visier anbelangt,so haben wir keine
Rasten angeordnet,sondern einen durch Stellschraube zu fixieren-
den Schieber,der also ganz feine eingestellt werden kann. Auch
die Visierkurve ist entsprechend flach gehalten, sodass eine
möglichst feine Höhenverstellung zu erzielen ist.-
Es geht dies auch aus der Beschreibung hervor,die
in der Deutschen Schützenzeitung No. 1o/1932 erschienen ist.-

Einige Schützen waren von der Verzögerung der
Produktionsaufnahme enttäuscht. Stellvertretend

für andere Beiträge hier ein Auszug aus einem mit
„Wo bleibt das Einheitsgewehr" überschriebenen
Beitrag[186]:

> *„... Vor länger als einem Jahr hat man in der
> Deutschen Schützenzeitung Nr. 10 vom 4. März
> 1932 das neue Einheitsgewehr, das von den
> Firmen Mauser und Haenel gefertigt werden soll,
> in großer Aufmachung den deutschen Schützen
> bekanntgemacht. Es ist aber bis heute noch nicht
> möglich geworden, eine derartige Waffe bzw. de-
> ren Einzelteile zu erhalten.*
>
> *Wie stellt sich der Deutsche Schützenbund, be-
> sonders aber der Urheber des Gedankens, der
> Württembergische Landesschützenverein zu obi-
> ger Frage? ... Bei Wehr- und Geländesport wird
> jedoch niemals eine Scheibenbüchse Verwen-
> dung finden können; oder glauben Sie etwa, daß
> einer von all den ... angehenden Schützen und
> solchen, die bisher dem Kleinkaliberschießsport
> huldigten und zum Großkaliber übergehen, noch
> eine Scheibenbüchse kauft? Die Scheibenbüch-
> sen sind schön und gut wie sie sind, sind heute
> aber nicht mehr zeitgemäß. ..."*

Auch nach Aufnahme der Fertigung traten Probleme auf. Denn wie die folgende Aktennotiz vermuten
lässt, mussten einzelne Teile des Einheitsgewehrs
manuell angepasst werden.

---

[186] DSZ 1933 Nr. 17

V

Oberndorf a.N. den 19.Mai 1933.

An "Kmv". — /Kr

In dem Einheitsgewehr No. 108395 befand sich der Stecher
No. 108352.- Es ist dem Kunden,der das Gewehr No.108352 bekommen hat zu schreiben,dass infolge eines Versehens er einen
falschen Stecherabzug bekommen habe und wir bitten ihn nach-
prüfen zu wollen,welche Nummer sein Stecher hat.- Falls es die
Nummer 108352 sein soll, bitten wir denselben umgehend zurück-
zusenden,worauf wir ihm den richtigen,zu seinem Gewehr gehörenden zugehen lassen.-

Auch der Absatz der Gewehre war schlecht und
entwickelte sich nicht so, wie es von Mauser und
vom Schützenbund erwartet wurde.

In der folgenden Aktennotiz belegt der Hinweis auf
den Wehrsport, dass weder das Wehrmannsgewehr
noch das Einheitsgewehr im großen Stil beim
Wehrsport eingesetzt wurden. Bei Mauser durften
die schwachen Verkaufszahlen des Einheitsgewehrs keine Probleme verursacht haben, hatte
man doch mit dem Kleinkalibergewehr „Deutsches
Sportmodell" einen lukrativen Ersatz. Allein schon
die Verkaufszahlen des Einheitsgewehrs belegen,
dass Wehrmanns- und Einheitsgewehre beim
Wehrsport bestenfalls eine Randerscheinung waren.

Auszug aus dem Situationsbericht über das II.Viertel-
jahr 1933 vom 25.6.33 von Herrn M. Münch.

Einheitsgewehr: Dasselbe hat in Schützenkreisen allgemein
guten Anklang gefunden,wird aber infolge seiner Preislage
wohl nur in beschränktem Masse Absatz finden können. Vielleicht zieht auch der Wehrsport das Einheitsgewehr etwas
in Mitleidenschaft. Die Wünsche,die mir bisher bezügl. des
Einheitsgewehrs vorgetragen wurden, beschränkten sich auf
eine Vergrösserung der Diopterscheibe, einer Näherrückung
des Diopters nach dem Auge zu, und einer besseren Befesti-
gung des Kornfusses, da das ganze Korn verschiedentlich
wackelte. Bezüglich des Diopters wird es wohl schwer halten,
den Wünschen der Schützen nachzukommen, da ja der Zylinder-
verschluss hier Beschränkungen auferlegt. Andererseits ist
es nicht zu empfehlen, so wie Haenel dies bei seinem Einheitsgewehr angewandt hat, den Diopter umlegbar anzubringen,
da die Schützen durchweg einen nicht feststehenden Diopter
ablehnen.

Kv. 28.7.33.

Oberndorf a.N. den 18.8.33

Herrn Direktor Zillinger.

      Von den aufgelegten 2oo Einheits-Schützengewehren sind 8o

bereits versandt. Es dürfte deshalb zweckmässig sein noch 2oo nachzu-

schieben,und erbitte Lagerauftrag.-

      Ferner erinnere an den Lagerauftrag auf 2ooo Kleka Es 34oN

F.

Insgesamt wurden bei Mauser wahrscheinlich nur
400 Exemplare des Einheitsgewehrs gefertigt. Die
obige Aktennotiz legt das jedenfalls nahe.

Die Ursachen für den mangenden Absatz des Ein-
heitsgewehrs hängen sicher auch mit der durch die
Weltwirtschaftskrise ausgelösten Einkommens-
schwäche weiter Teile der Bevölkerung zusammen.
Allerdings hatten sich auch die Prioritäten im
Schießsport verändert, denn die ab Januar 1933

regierenden Machthaber konzentrierten sich auf das Kleinkaliberschießen. Die Hoffnungen, die die Führung des Schützenbundes in dieses Gewehr gesetzt hatte, hatten sich nicht erfüllt.

Die olympischen Spiele

Zumindest bis 1932 spielten die olympischen Spiele für die Entwicklung des Schießsports in Deutschland kaum eine Rolle. Bei der Olympiade 1920 hatte man die „Feindstaaten" (Deutschland, Österreich, Ungarn, Bulgarien und das osmanische Reich) nicht eingeladen. Als „Olympia-Ersatz" wurden deshalb in Deutschland die „Deutschen Kampfspiele" ins Leben gerufen. Austragungsorte waren Berlin (1922), Köln (1926) und Breslau (1930). Für die Organisation der Schießwettbewerbe war der Deutsche Schützenbund verantwortlich.

Bei den Kampfspielen 1922[187] und 1926 gab es Schießwettbewerbe für Scheibengewehre, Scheibenpistolen, Kleinkalibergewehre und im Flintenschießen. Bei den Kampfspielen 1930[188] waren auch Wehrmannsgewehre ausschließlich im Kaliber 8,15x46R startberechtigt.

Bei der Olympiade 1924 hatte man „vergessen", Deutschland einzuladen und in Amsterdam (1928) gab es keine eigenständigen Schiesswettbewerbe. Lediglich innerhalb des „modernen Fünfkampfs" wurde ein Wettkampf im Pistolenschießen ausgetragen. Gewinner war Heinz Hax (ein Reichswehr-

---

[187] DSZ 1922 Nr. 12
[188] DSZ 1930 Nr. 4

Offizier), der im „modernen Fünfkampf insgesamt den fünften Platz belegte.

Obwohl es bei den olympischen Spiele 1932 in Los Angeles Wettbewerbe für Gewehr (50m-Liegend) und für die Schnellfeuerpistole (hier gewann Heinz Hax die Silbermedaille) gab, war die Beteiligung wegen der Weltwirtschaftskrise schlecht.

Kleinkaliber im DSB

Das ab 1919 explosionsartig zunehmende Kleinkaliberschießen hat enge Bezüge zum Schießen mit dem Wehrmannsgewehr, weshalb hier darauf eingegangen wird.

Am 26. Juni 1919 lud die Deutsche Versuchsanstalt für Handfeuerwaffen (DEVA) Vertreter von Industrie und Schützenvereinen nach Berlin ein. Da die aktuell verfügbaren Waffen aus heimischer Produktion zum sportlichen Schießen weniger gut geeignet waren, sollte zunächst Werbung für das Kleinkaliberschießen gemacht werden und die Industrie sollte in dieser Zeit sporttaugliche Gewehre entwickeln.

Am 01. Mai 1920 traf man sich erneut. Dabei wurden die ersten neu entwickelten Kleinkaliberwaffen vorgestellt und mit diesen Gewehren ein Wettkampf durchgeführt. Der Schützenbund nahm zwar an den Beratungen teil, nahm aber eine eher abwartende Haltung[189] zum KK-Schießen ein:

„Die ständig zunehmende Verteuerung der Munition und so manche Unklarheit, die auf Deutschlands Zukunft lastet, hat auch uns veranlaßt, der

---

[189] DSZ 1920 Nr. 1/2

Frage näherzutreten, ob es nicht im Interesse des gleichmäßigen Fortbestandes unserer Bundes-vereine gelegen wäre, für ihre Übungen das Kleinkalibergewehr zu verwenden.

Wir denken dabei nicht entfernt an eine baldige diesbezügliche Umstellung, da nach unserer An-sicht wohl alle unsere Bundeskameraden mit ih-rem Herzen am Scheibengewehr hängen, nur der möglicherweise aber durchaus nicht wahrschein-liche Zwang der Verhältnisse soll uns nicht un-vorbereitet finden."

Allerdings änderte der Schützenbund seine Mei-nung zum Kleinkaliberschießen bald. Unter der Überschrift „Der Deutsche Schützenbund und das Kleinkaliberschießen" führte Peter Lorenz unter anderem aus[190]:

„Dem Kleinkaliberschießen ... hat der Deutsche Schützenbund und seine Vereine bis jetzt wenig Interesse entgegengebracht. ... Für die Entwick-lung unseres Schießwesens wird es noch von Bedeutung werden, da es meist von der Jugend ausgeübt wird; es baut sich auf anderen Grund-lagen und Gesichtspunkten auf, als das Schie-ßen mit dem Scheibenstutzen. Der Scheibenstut-zen hat mit der Entwicklung der Waffentechnik nicht Schritt gehalten, ihm kommt nur ein gewis-ser sportlicher und historischer Wert zu. Der An-gang zu einer neuen Entwicklung im Schießwe-sen wurde vor dem Kriege mit der Einführung der Wehrmannsbüchse und den dazu passenden Scheiben gemacht. ... Wenn das Schießwesen sich wieder neu beleben soll, ist es Pflicht der

---

[190] VDSZ 1924 Nr. 12

Schützengesellschaften, der Wehrmannsbüchse den ersten Platz einzuräumen. ... Die 6mm-Kleinkaliberbüchse ist gleich der Wehrmannsbüchse, Visierung mit Kimmen und Korn (Keilkorn), Abzug mit Druckpunkt, mit dieser Waffe üben die deutschen Jungschützen den Schießsport aus. ...

Der Deutsche Schützenbund darf einer solchen Bewegung im Schießwesen nicht tatenlos gegenüberstehen; seine ihm angegliederten Schützengesellschaften muß er auffordern, schießsportliebende junge Leute ... zu sammeln und ihren Schützengesellschaften als deutsche Jungschützenabteilung anzugliedern, ... "

Die zum Schützenbund gehörenden Vereine und Gilden profitierten trotz solcher Aussagen kaum vom Boom des Kleinkaliberschießens, denn die Kleinkaliberschützen kamen aus anderen Bevölkerungsschichten als die Mitglieder der traditionellen Vereine und Gilden. Zwar erkannten manche Mitglieder der „alten Vereine", dass sich die Schützengilden für „den einfachen Mann aus dem Volke" öffnen müssten[191]:

„Ich meine, daß man jeden ehrlichen Mann mit Deutscher Gesinnung, der sich zum Sport mit der Waffe hingezogen fühlt, als Mitglied in einen Schützenverein aufnehmen soll, und wenn er eine noch so schwielige Hand hat und wenn er noch so einfach gekleidet geht.. ..."

Allerdings setzten sich solche Einsichten nicht durch.

---

[191] Vereinigten Deutschen Schützenzeitung 1925, Nr. 3 Seite 6

Der Schützenbund gab 1925 eine Broschüre mit
der „*Satzung und Schießausbildung für das Klein-
kaliberscharfschießen bei den Jungschützenabteilungen des Deutschen Schützenbundes*" heraus. Die
Vereine konnten jetzt „Jungschützenabteilungen"
gründen, deren Mitglieder, wenn sie 18 Jahre alt
waren, reguläre Mitglieder der Vereine wurden.

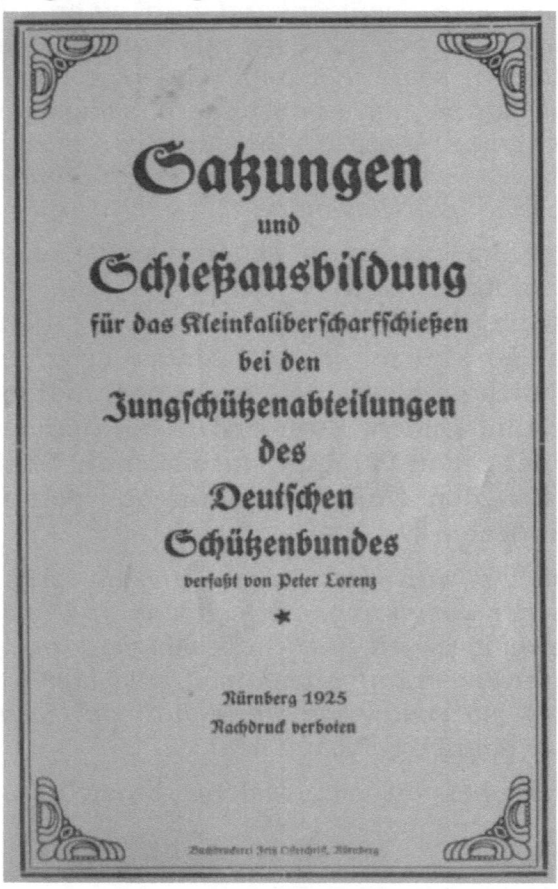

Die in den Satzungen enthaltenen Festlegungen für Schaft, Visier und Abzug entsprachen den Festlegungen, die auch für Wehrmannsgewehre galten:

> *„Gewehr 2. Die Kleinkaliberbüchse 6 mm ist die zugelassene Übungswaffe; die Gewehre sollen einheitlich sein und Druckpunkt besitzen. In der Form soll es dem Wehrmannsgewehre gleichen.*
>
> *...*
>
> *Schäftung 7. Die Schäftung soll eine normale sein und der der Wehrmannsbüchse entsprechen. Die Aushöhlung der Kolbenkappe darf nicht mehr als 1 cm betragen.*
>
> *Visierung 8. Die Visierung erfolgt über Kimme und Korn (rechteckig oder Keilform) Unterfeiltes Korn ist verboten."*

Noch im Februar 1926 konnte man in der bayerischen Schützenzeitung[192] lesen:

> *„Unser Deutscher Schützenbund hat, wie der Vorstand in Nürnberg ganz richtig erkannt hat, kein Interesse am Ausbau der Kleinkalibersache für die Bundesmitglieder im mannbaren Alter, sondern nur für die Jungmannen. ..."*

Allerdings akzeptierte der Schützenbund bald das Kleinkaliberschießen als eigenständige Disziplin. Unter dem Titel *„Satzung und Schießausbildung für die Jungschützen und Kleinkaliberscharfschützen des Deutschen Schützenbundes"* wurde eine überarbeitete Fassung der Broschüre von 1925 herausgegeben. Jetzt konnten auch reine Kleinkaliber-

---

[192] BSZ 1926 Nr. 6

Schützenvereine Mitglied im Deutschen Schützenbund werden.

Für alle Kleinkaliber-Disziplinen wurde die 12-
kreisige Deutsche Kleinkaliberscheibe verwendet,
über deren Gestaltung man sich mit den anderen
KK-Verbänden geeinigt hatte.

Deutſche Kleinkaliberſcheibe.

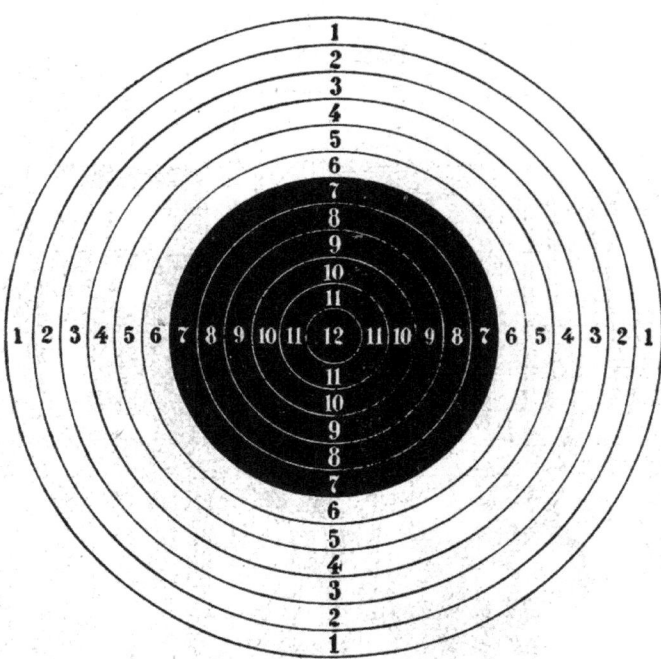

193

Nachdem Prinz Alfons von Bayern im Frühjahr
1926 das Amt des 1. Präsidenten des „Landesver-
bandes für Kleinkalibersport e.V. in Bayern" über-
nommen hatte, akzeptierten auch konservative
Kreise das Kleinkaliberschießen als vollwertiges
Schießen. Und mit der Aufnahme des „Reichsverbandes Deutscher Kleinkaliberschützenverbände
in den „Deutschen Reichsausschuss für Leibes-

---

[193] DKKS 1926 Nr. 8

übungen" war Kleinkaliberschießen auch offiziell als Sport anerkannt.

Am 7. Dezember 1926 wurde die „Reichsgemeinschaft für Kleinkaliberschießsport" gegründet[194], zu der die folgenden Verbände gehörten:

- Deutscher Schützenbund
- Deutsches Kartell für Jagd- und Sportschießen, Abteilung C
- Reichsverband Deutscher Kleinkaliberschützenverbände

Diese Verbände schlossen im April 1927 eine Vereinbarung[195] ab, in der unter anderem stand:

„Es ist untersagt, in Vereinen oder Verbänden oder bei einzelnen Personen, die einer der drei Organisationen angehören, in irgendeiner Weise zum Uebertritt zu werben. Es ist ferner gegenseitig untersagt, ohne Erlaubnis der anderen Organisation Vereine und einzelne Persönlichkeiten, die einer der drei Organisationen angehören, aufzunehmen. ..."

Der Boom des Kleinkaliberschießens rief bei einigen Parteien Ängste und Sorgen hervor. Vor allem die Regierung des sozialdemokratisch regierten Bundeslandes Preußen betrachtete den Schießsport (insbesondere das Kleinkaliberschießen) mit großem Misstrauen, wie der Erlass[196] vom 16.01.1927 zeigt.

---

[194] DSKKS 1926 Nr. 10
[195] DKKS 1927 Nr. 4
[196] Enthalten in: „Kleinkaliber-Scheibenschießen. (Sportbuch des Reichsverbandes Deutscher Kleinkaliber-Schützenverbände)

Beſondere Beſtimmungen in **P r e u ß e n** über Ausübung des
Schießſportes,
Rd.Erl.d.M.b.J. v. 16. 1. 1927 — II. G. 2036/26.
Regelung des Schießſports.

Es hat ſich die Notwendigkeit herausgeſtellt, für die Ausübung des ge-
ſamten Schießſports folgende polizeiliche Richtlinien vorzuſchreiben:

Der Schießſport iſt grundſätzlich nur noch auf Schießſtänden zuzulaſ-
ſen, die von den Ortspolizeibehörden genehmigt und ordnungsmäßig abgenommen ſind; auch dürfen nur ſolche Waffen und Munition unter Beachtung
der noch gültigen Verordnung über Waffenbeſitz v. 13. 1. 1919 (RGBl.
S. 31, 122) nebſt der dazu erlaſſenen Ausf.-Beſt.) benutzt werden, die für
den betreffenden Schießſtand genehmigt ſind. Durch ſtändige, möglichſt un-
vermutete Nachſchau haben ſich die Ortspolizeibehörden von dem ordnungs-
mäßigen Zuſtand der Schießſtandsanlagen zu überzeugen. pp.

Jedes Schießen hat unter Leitung einer Aufſichtsperſon ſtattzufinden;
die von den Vereinen beſtellten Aufſichtsperſonen ſind ein für allemal oder
für den Einzelfall der Orts-Pol.-Behörde namentlich anzuzeigen, die ſie bei
Unzuverläſſigkeit ablehnen kann. Dieſe Aufſichtsperſon iſt für die Beachtung
aller erforderlichen Vorſichtsmaßregeln verantwortlich. Der Orts-Polizeibehörde iſt jederzeit der Zutritt zu den Schießſtänden und den Schießveran-
ſtaltungen geſtattet. Jugendliche unter 17 Jahren ſind vom Schießen aus-
zuſchließen.

Die Vereinsvorſtände müſſen ſich zur ſicheren Verwahrung der dem
Verein gehörigen Gewehre auf oder nahe bei dem Schießſtand verpflichten
und die Verantwortung für jede mißbräuchliche Verwendung der Waffen
übernehmen. Der Aufbewahrungsort iſt der Orts-Polizeibehörde anzuzeigen;
ſie kann einen anderen fordern, falls ihr der vom Verein angezeigte nicht
zuverläſſig erſcheint. Waffen dürfen zum und vom Schießſtande nur ver-
packt und getrennt von der Munition befördert werden.

———

Es gab behördlicherseits Versuche, die Gründung
von Vereinen zu erschweren bzw. Vereine zu verbieten. Das wurde mit dem Verdacht begründet,
dass die „Kampfverbände der Rechten" das Kleinkaliber-Schießen lediglich als Vorwand für eine militärische Ausbildung nutzten. Da allein die polizeilichen Maßnahmen nicht zum gewünschten Erfolg
führten, lief 1926/27 in Teilen der Presse eine hef-

tige Kampagne, die zwar vordergründig nur das
Kleinkaliberschießen betraf, allerdings den Schießsport insgesamt berührte. In der Schützenzeitung[197] wurde ein Artikel aus dem Lübecker
Volksboten nachgedruckt. Unter dem Titel *!Klein-
kalibermassenseuche!* stand dort zu lesen:

*„Die Masseneinführung des Kleinkaliber-„Sports"
bei den politischen „Kampfverbänden" der Rechten verdient endlich einmal mit allem ernst im
Zeichen der Massenarbeitslosigkeit und der bit-
tersten Not als höchst bedenkliches Sturmzei-
chen für machtpolitische Auseinandersetzungen
der nächsten Zeit warnend herausgestellt zu
werden. ....*

*Der preußische Innenminister hat bekanntlich als
erster die Riesengefahr der Kleinkaliberseuche
erkannt und das Schießen der nicht im Kleinkaliberschützensport der Vorkriegszeit ... ausgebildeten Vereine grundsätzlich untersagt. Leider ist
man in den übrigen deutschen Ländern dem Se-
veringschen Verbot nicht durchweg gefolgt. In
Sachsen hat der Innenminister den Kleinkali-
bervereinen seine volle Unterstützung und jegliche Erleichterung ... zugesagt; auch in Württemberg, Bayern, Thüringen Braunschweig und
Mecklenburg knallen lustig und unbesorgt an allen Ecken und Enden die K.K-Büchsen und sogar
auf preußischem Gebiet hat man durch Inan-
spruchnahme der Reichswehrschießstände Se-
verings Verbot zu umgehen verstanden. ...*

*Was ist dagegen zu tun? Zunächst muss in je-
dem deutschen Land mit allen Mitteln ein Polizei-
verbot des Kleinkaliberschießens erzwungen*

---

[197] DSZ 1926 Nr. 35

werden. .... Die reinen Sportvereine mögen ihre Büchsen ruhig ein bis zwei Jahre in den Kasten stellen, bis die völkischen Amateure im Kleinkaliberschützensport entwaffnet sind. Der Reichsinnenminister muss ... eine Anweisung herausgeben, in der er die Länderregierungen auf die Gemeingefährlichkeit des Kleinkaliberunfugs hinweist und – soweit er dazu befugt ist – ein generelles Verbot jeden Kleinkaliberschießens auf die Dauer von zwei Jahren nahelegt. ...

Alle müssen wir am Posten sein, um der Gefahr einer bewaffneten innerpolitischen Auseinandersetzung rechtzeitig zu begegnen und unserer Forderung Nachdruck zu verleihen: Weg mit dem Kleinkalibergewehr."

Der Nebensatz „*Die reinen Sportvereine mögen ihre Büchsen ruhig ein bis zwei Jahre in den Kasten stellen*" hätte den gesamten Schießsport über Jahre blockiert. Der Schützenbund reagierte schnell. Peter Lorenz erwiderte[198] auf den Artikel:

„... Beim Durchlesen der verschiedenen Artikel der Linkspresse gewinnt jeder Schieß-Sachverständige den Eindruck, daß das Kleinkaliberschießen dem Gegner nur als Zweck zur Verdächtigung dient. Besseres hätte man sich nicht ausdenken können, um die Regierung zu alarmieren, ihnen eine Gefahr vorzuheucheln, wo keine besteht; den Unwissenden gruselig zu machen von dem angeblichen Vorhandensein geheimer Schießorganisationen, die sich für den Umsturz vorbereiten. ..."

---

[198] DSZ 1926 Nr. 35

Und in einem weiteren Beitrag zum gleichen Thema schrieb er:[199]:

„Die Kleinkaliberbüchse bleibt eine Sportwaffe;
nur von den politischen Gegnern wird derselben
eine Gefährlichkeit angedichtet, um sie für ihre
politischen Zwecke verwenden zu können. Nicht
die Kleinkaliberwaffe bildet eine Gefahr für das
Volk, sondern der Ungeist ist es, der die Parteien
beherrscht. "

Alexander Dominicus, Vorsitzender der Reichsgemeinschaft für Kleinkaliberschießsport und Minis-
ter a.D. schrieb in einem längeren Beitrag[200]:

„Die Erörterung über den sogenannten „Kleinka-
liber-Unfug" ist in den letzten Wochen in den Zei-
tungen immer wieder aufgetaucht, …
Man fürchtet bei uns den politischen Mißbrauch,
und in der Tat ist es richtig, daß einzelne Verei-
nigungen politischer Art dazu übergegangen
sind, diesen Kleinkaliber-Schießsport bei sich
einzuführen. Wir verstehen, daß der Staat sich
dagegen wendet, aber die Pflege des Kleinkali-
ber-Schießsports als solchen soll der Staat unbe-
helligt lassen. Es muß für ihn genügen, die erfor-
derlichen polizeilichen Sicherungen zu treffen, zu
deren Erfüllung die Sportorganisationen gern be-
reit sind. …"

Die Behauptung, das KK-Schießen wäre Teil einer
militärischen Ausbildung wurde unter anderem
damit begründet, dass mit „kriegswaffenähnlichen
Waffen" geschossen wurde. Das „Kriegswaffenähn-
lich" wurde an der Flügelsicherung und dem

---

[199] DSZ 1927 Nr. 3
[200] DSZ 1927 Nr. 4

Schiebervisier (beides hatten auch die Armeegewehre) der KK-Gewehre festgemacht. Um dem aus-
zuweichen, veröffentliche der Reichsverband einen
Hinweis[201]:

*„Zur Behebung von Zweifeln über die Zulassung
von Kleinkaliber-Büchsen für den Kleinkaliber-
Sport wird auf folgendes hingewiesen:*
*Soweit polizeiliche Beanstandungen bezüglich
der Ausführung dieser Kleinkaliber-Büchsen vorkommen, ist die Beanstandung durch Beseiti-
gung der Flügelsicherung und durch Ausschal-
tung von Visieren, welche auf mehr wie 50m verstellbar sind, stattzugeben.*
*Gegen weitere Beanstandungen im Bezug auf Si-
cherung und Visierung wird die Einlegung von
Rechtsmitteln empfohlen. ..."*

Alle Hersteller boten in der Folge preiswerten Ersatz für die beanstandeten Teile an.

Bemerkenswert ist, dass es während der gesamten
Pressekampagne nirgendwo eine Erwähnung der
Wehrmannsgewehre gab, obwohl diese Gewehre
den Armeegewehren optisch völlig glichen. An-
scheinend wurden sie öffentlich nicht wahrge-
nommen. Auch das ist ein Beleg dafür, dass ihre
Zahl eher gering war.

Trotz der recht deutlichen Hinweise des Bundes-
vorstandes nahmen nicht alle zum Schützenbund
gehörenden Vereine das Kleinkaliberschießen in
ihr Programm auf. Das Protokoll einer Sitzung der

---

[201] DKKS 1927 Nr. 4

Schießordnungskommission enthält dazu folgende
Ausführungen von Peter Lorenz[202]:

*„Da es immer noch Vereine gibt, die sich der
Kleinkaliberwaffe nicht zugänglich zeigen, wie es
die moderne Zeit verlangt, sind viele Konkur-
renzschießstätten in den Turn.-, Leichtathletik-,
Krieger- und akademischen Vereinen entstanden.
Die Schießordnungskommission als Sportleitung
hat durch ihre Vertretung in Wort und Schrift
eindringlich hingewiesen auf den Schaden des
Beiseitestehens, der dem Deutschen Schützenbund und seinen Vereinen entsteht. Die Entwicklung und der Fortschritt des Kleinkaliberschieß-
sports gehen ihren Weg. Das Zeitrad läßt sich
nicht zurückdrehen, und wer nicht mitgeht, wird
beiseitegeschoben. ..."*

Kleinkaliber in anderen Verbänden

Überall in Deutschland waren nach dem Ende der
alles lähmenden Inflation neue Vereine entstanden,
die ausschließlich mit Kleinkaliberwaffen schossen.
Viele dieser Vereine bauten sich zuerst ihre eigenen Schießstände; in Deutschland entstanden so
hunderte neuer Schießstände. Die meisten der
neuen Vereine gehörten dem *„Reichsverband Deutscher Kleinkaliber-Schützenverbände"* an, der um
1930 etwa 500.000 Mitglieder hatte. Von den „alten Vereinen" grenzte man sich ganz bewusst ab.

---

[202] DSZ 1933 Nr. 7

Geld- oder geldwerte Preise waren unzulässig. So war festgelegt[203]:

„Die Kosten für die Preise werden durch freiw. Spenden oder Erheben eines Einsatzes von den Teilnehmern gedeckt.

Mit Rücksicht auf die Höhe derselben verbieten sich kostspielige Luxus-Artikel als Preise von selbst. Dem schlichten Wesen des deutschen Schützen entsprechen ein grüner Eichenkranz und einfache Siegesabzeichen."

Auch Dinge, die sich nicht jedes Vereinsmitglied leisten konnte, waren nicht zugelassen, so z.B. Gläser zur Scheibenbeobachtung. Da sich auch längst nicht jedes Mitglied eine eigene Waffe leisten konnte, kaufte der Verein Waffen, mit denen dann jedes Mitglied schoss. Das sollte unter anderem sicherstellen, dass der beste Schütze und nicht der Schütze mit dem besten Gewehr gewann.

Vieles, das heute als „typisch DSB" gilt (Vereinswaffen, Schießtraining, ausgebildete Standaufsichten, Trainer [damals als Schießlehrer bezeichnet], Vergleichswettkämpfe usw.), wurde vom Reichsverband eingeführt. Die ab April 1926 monatlich erscheinende Zeitschrift des Reichsverbandes (Deutsches Kleinkaliber-Scheibenschießen) enthielt neben Vereinsnachrichten eine sehr gute und umfangreiche Waffen- und Munitionskunde, Hilfe bei rechtlichen Fragen, Tipps für das Training, Anleitungen für den Bau von Schießständen sowie die Gestaltung von Schießveranstaltungen.

---

[203] Sportbuch des Reichsverbandes Deutscher Kleinkaliberschützenverbände

Zwischen dem Reichsverband und dem Deutschen Schützenbund bestanden nach der Klärung anfänglicher Probleme gute Beziehungen. In einem Bericht[204] über die Mitgliederversammlung vom 27.11.1926 wird ausgeführt:

„Seit langem verbinden uns innige Beziehungen mit dem Deutschen Schützenbund, die in dauernder gemeinsamer Arbeit ihren Niederschlag gefunden haben. Mit ihm haben wir die gleichen Anschauungen über den Kleinkaliber-Sport – vor allem über die Scheibe - über die Notwendigkeit ungekünstelter Handhabung des Sports ohne besondere Zielvorrichtungen, Bandagen und dergl. erleichternde Hilfsmittel."

Vertreter des Schützenbundes nahmen regelmäßig als Gäste[205] an den Mitgliederversammlungen des Reichsverbandes teil, 1932 auch Peter Lorenz[206].

Neben den „großen drei", (Kartell, Reichsverband und deutschem Schützenbund) gab es weitere Verbände, in denen sportlich mit Kleinkaliberwaffen geschossen wurde. Dazu gehörten konfessionell gebundene Schützenbruderschaften genauso wie der Kyffhäuser-Bund oder der Badische Kriegerbund, der 1931 jeden in seinem Bereich neu gegründeten Kleinkaliberverein eine Waffe und 5.000 Patronen als Grundausstattung versprach.

---

204 DKKS 1926 Nr. 10
205 DKKS 1931 Nr. 1
206 DKKS 1932 Nr. 1

Die nationalsozialistische Gleichschaltung

Unmittelbar nach ihrer Machtübernahme begannen die Nationalsozialisten, den gesamten Schießsport in ihrem Sinne neu zu ordnen. Zunächst gründeten sie einen Einheitsverband (Deutscher Schießsportverband), in den die bisher existierenden Schützenverbände als Fachgruppen integriert wurden. Der Deutsche Schützenbund wurde laut Anordnung des *„Führers des Deutschen Schießsportverbandes"* vom 20.10.1933 als Fachgruppe 1 zuständig für:

„ ... Bogen-, Armbrust-, Zimmerstutzen-, Scheibenbüchsen-Schießen, Wehrmannsbüchsen-Schießen in Verbindung mit anderem Großkaliber-Schießen, Schießen mit großkalibrigen Scheibenpistolen, internationales Schießen im Rahmen der Union Internationale de Tir. "

Gleichzeitig gab es die Verpflichtung, dass sich ein Schützenverein einer Fachgruppe des „Deutschen Schießsportverbandes" anzuschließen habe. Tat er das nicht, wurde er aufgelöst. Kleinere Vereine wurden zwangsweise zusammengelegt und Schützen, die sich nicht „auf Linie" bringen ließen, aus den Vereinen ausgeschlossen. Mitglieder jüdischen Glaubens sollten aus den Vereinen gedrängt werden. Wie das durchgeführt wurde, überließ man anfangs noch den Vereinen selbst[207].

Der Deutsche Schießsportverband erließ eine Mustersatzung, die die Vereine übernehmen mussten. Darin hieß es zum Vereinszweck:

---

[207] DSZ 1933 Nr. 27

„Der Verein hat den Zweck, den Schießsport als Leibesübung zur Ertüchtigung der deutschen Jugend und zur Hebung der Wehrfähigkeit zu pflegen."

Die Satzungen vieler der bürgerlich dominierten Schützenvereine[208] enthielten dagegen:

„die Pflege des idealen Schießsports sowie die Kameradschaft unter ihren Mitgliedern"

Aus nationalsozialistischer Sicht war so ein Vereinszweck unpassend. Im Februar 1940 wurde eine neue, wieder verpflichtend zu übernehmende Satzung[209] erlassen, die neben anderen Dingen auch die Wahl des Vereinsführers durch den Verein abschaffte und den Vereinsmitgliedern dabei nur noch ein Vorschlagsrecht einräumte.

In den weiteren Ausführungen wird auf die Verhältnisse in Mecklenburg eingegangen. Sie dürften sich aber nicht sonderlich von denen in anderen Regionen Deutschlands unterschieden haben. Die ideologische Ausrichtung des Schießsports traf jeden Verein im Lande, wie Beispiele aus der Geschichte der schon genannten Schützenzunft Kröpelin zeigen:

ab 1934   Einführung des „Führerprinzips. Der Vorsitzende (bei der Kröpeliner Schützenzunft der 1. Älteste) hieß nun Vereinsführer. Die neue Satzung

---

[208] Satzung der Schützengesellschaft Concordia zu Rostock, in der Fassung vom 23.April 1930
[209] DDS 1940 Nr. 11

	musste übernommen werden.
01. Februar 1935	Schriftliche Erinnerung, dass die Jungschützenabteilung der Zunft in die Hitlerjugend zu überführen sei.
29. Dezember 1936	Der Gauschützenführer verlangt die schriftliche Meldung aller Mitglieder, die Juden, Halbjuden, „jüdisch versippt" oder Logenbrüder (Freimaurer) waren
31. März 1937	Mit Schreiben an die Vereinsführer und Vereinsdietwarte[210] wurde vom Gaudietwart mitgeteilt, dass alle Vereinsführer und Vereinsdietwarte an der weltanschaulich-politischen Schulung in den Ortsgruppen der NSDAP teilzunehmen hätten.
1937	Verpflichtung der Vereinsmitglieder unter 45 Jahren[211], zwischen Juni und September jeden zweiten Sonnabend die vorgegebenen Schießübungen zu absolvieren.
05. April 1938	Verfügung des Gauschützenführers zur Änderung von Anzugsordnung und Rangabzeichen. Weiter getragen durften nur Traditionsuniformen, die

---

[210] Der Dietwart sollte die Vereinsmitglieder im nationalsozialistischen Sinne schulen.

[211] Das Alter von 45 Jahren ergab sich daraus, dass nicht vorgesehen war, die Jahrgänge 1892 und älter wieder zum aktiven Wehrdienst einzuziehen.

schon mindestens 75 Jahre in Gebrauch waren, wobei Schützenuniformen, die in ihrem Aussehen den Uniformen der kaiserlichen Armee oder der Wehrmacht ähnelten, ab sofort nicht mehr zulässig waren. Nicht mehr zulässig waren auch Rangabzeichen wie Schleppsäbel Achselstücke, Epauletten, Feldbinden, Schärpen und Sterne. Militärische Rangbezeichnungen wie Schützenoberst fielen fort. Bei Neubeschaffung von Schützenkleidung sollte zukünftig ausschließlich der *„Deutschen Schützenanzug"* beschafft werden.

1939   Schützenfeste wurden genehmigungspflichtig. Die Genehmigung wurde vom Gauschützenführer nur dann erteilt, wenn die Zunft ganzjährig den Schießsport pflegte und das Pflichtschießen regelmäßig und vollständig durchführte.

1940   Abschaffung des Königsschießens, der Gauschützenführer ordnet stattdessen die Durchführung von Vereinsmeisterschaften und einem „Schießen für Jedermann" an.

Da der Gauschützenführern och Ende 1936 eine schriftliche *Meldung aller Mitglieder, die Juden, Halbjuden, „jüdisch versippt" oder Logenbrüder (Freimaurer)* waren, verlangte, scheinen die Mecklenburger Vereine beim Herausdrängen von Mitgliedern jüdischen Glaubens nicht besonders aktiv gewesen zu sein.

Gau Hansa des Deutschen Schützenbundes
(Mecklenburgischer Landes-Schützenbund)
Geschäftsstelle Rostock
Gausportleiter Paul Eichbaum
Hermannstraße 18 — Fernsprecher 2285

Rostock, den 23. Februar 1934

An unsere Gauvereine!

Am 10. Februar fand in Rostock die Tagung zwecks Eingliederung des Gaues „Hansa" in den Deutschen Schützenbund statt. Anwesend waren:

General Herrgott, Führer des Deutschen Schießsportverbandes, Berlin,
Peter Lorenz, Vorstand des Deutschen Schützenbundes, Nürnberg,
Hausmarschall Exzellenz von Hirschfeldt, Schwerin, Schießsportgauführer „Hansa" des Reichsverbandes Kleinkaliber-Schützenverbände,
Paul Eichbaum, Rostock, Gausportleiter des Deutschen Schützenbundes,
Adolf Engel, Rostock, Bezirkssportleiter des Bezirks Mecklenburg,
Max Mohn, Rostock, Vorstand der Kaufleute-Schützenkompagnie Rostock.

Die Eingliederung in den Deutschen Schützenbund wurde vollzogen.
Der Träger des Gaues wird der Mecklenburgische Landes-Schützenbund.
Der Gau führt den Namen: „Gau Hansa des Deutschen Schützenbundes".
Zur Wahrung der Tradition wird hinzugefügt: (Mecklenburgischer Landes-Schützenbund).
Der Gau ist eingeteilt in 2 Bezirke:
    a) Bezirk **Mecklenburg**, Bezirksleiter Adolf Engel, Rostock,
    b) Bezirk **Hamburg**, Bezirksleiter Heinrich Soltau, Wandsbek.
Weitere Einteilung 9 Kreise und zwar: Rostock, Schwerin, Wismar, Güstrow, Parchim, Neustrelitz, Lauenburg, Stormarn, Hamburg.

Die Kreisleiter sind erst teilweise ernannt

Mir wurde aufgegeben, innerhalb 4 Wochen ab 10. Februar eine Tagung abzuhalten.

Ich setze daher einen **Schützentag** auf

Sonntag, den 4. März, vorm. 12 Uhr

in Schwerin i. M., Feldmann's Restaurant, Rostocker Str. 62 an.
Zu dieser Tagung erwarte ich von jedem Verein einen Vertreter.
Um 11^{30} Uhr Besprechung mit den Bezirks- u. Kreisleitern.

Tagesordnung:

    1. Ueberleitung des Mecklenburgischen Landes-Schützenbundes in den „Gau Hansa des Deutschen Schützenbundes". Auflösung und Liquidation des Mecklenburg. Landes-Schützenbundes. — Bundesbanner.
    2. Errichtung eines Schiedsgerichts lt. § 18 der Bundessatzungen.
    3. Verschiedenes.

Jeder Schützenverein ist verpflichtet, sich beim Deutschen Schießsportverband zu melden. Adresse: Berlin-Charlottenburg, Drohsenstr. 17. Falls noch nicht geschehen ist dieses sofort nachzuholen. Von genanntem Verband werden die Vereine einer Fachgruppe zugeteilt. Zum Deutschen Schützenbund kommen nur Großkaliebervereine. Schützenvereine, die **nur** Kleinkaliber schießen, gehören also nicht zu unserem Bund, vielmehr zu Fachgruppe II Kleinkaliberverband.

Viele Vereine haben die Vorstandswahl noch nicht vorgenommen, die gewählten Vereinsführer sind mir bis 3. März zwecks Bestätigung zu melden.

Alle Vereine haben das Führerprinzip einzuführen und ihre Satzungen den Mustersatzungen lt. Schützenzeitung Nr. 49 vom 8. 12. 33 anzupassen. Exemplare erhältlich beim Deutschen Schützenbund, Nürnberg zu 10 Pfg. pro Stück.

Der Mecklenburgische Landes-Schützenbund wurde am 10. Februar 1934 aufgelöst, seine Fahne wurde an das Landesmuseum abgegeben.

Dem Schützenbund (und den anderen Schießsportverbänden) war schon 1934 mitgeteilt worden, dass der „Deutsche Schießsportverband" lediglich eine Übergangslösung wäre und sich die bisherigen Verbände bis spätestens Ende 1936 satzungskonform aufzulösen hätten. Zum 31.12.1936 löste sich deshalb der Deutsche Schützenbund selbst auf.

Im Frühjahr 1936 wurde als Nachfolger des „Deutschen Schießsportverbandes" der „Deutsche Schützenverband" gegründet. Die bisherigen Fachgruppen wurden aufgelöst, die Vereine waren jetzt unmittelbare Mitglieder im Deutschen Schützenverband.

Der Deutsche Schützenverband sollte die Traditionen des deutschen Schützenwesens erhalten, allerdings sah die nationalsozialistische Führung nur solche Traditionen als erhaltenswert[212] an, mit denen die Vereine

„ihren Mitgliedern eine Erziehung im Schießen geben, die sie zur Verteidigung der Heimat befähigte. Diese Tradition, die an vielen Orten lange vergessen wurde, wieder in Ehren zu bringen, scheint der Inbegriff der Erhaltung wahrer Tradition zu sein".

---

[212] Wir Schützen – Duisburg 1938

Fahnenweihe im Landesschützenbund

Uebergabe des alten Bundesbanners an das Landesmuseum.

Nach einem Marsch durch die Straßen Schwerins nahmen am Sonntag vormittag die Abordnungen der Schützenzünfte Mecklenburgs auf dem „Alten Garten" vor dem Museum in Schwerin Aufstellung. Hier auf historischer Stelle standen die Fahnen der Zünfte, alte und neue, um Zeuge zu sein der feierlichen Uebergabe ihres Bundesbanners an den mecklenburgischen Staat, Zeugen der Vergangenheit und Gegenwart, darunter die zerschlissene von Schwerin, die Neubrandenburger aus dem Jahre 1796 und die aus Crivitz, die auf verblaßter Seide die Jahreszahl 1754 trägt.

Dr. Espelt (Penzlin), der Gausportleiter, wandte sich in seiner Ansprache an den Beauftragten des Reichssportführers Pg. Oppermann und an die Schützen und führte aus:

„An einem Tage wie diesem, der sich uns allen unauslöschlich einprägen wird, gedenken wir des Tages, an dem vor 71 Jahren am Wertretern aus 15 mecklenburgischen Städten durch den Zusammenschluß im Landesschützenbund das völlig in sich abgeschlossene Eigenleben der Zünfte beendet wurde. Auf dem ersten Landesschützenfest 1877 in Güstrow wurde zum erstenmal das Wollen und Können der Schützen bewiesen. Ihm folgten dann in Abständen von zwei bis drei Jahren weitere, es waren Feste der Kameradschaft und eine Prüfung der Leistung. In allen Zünften lebte die Tradition jahrhundertelanger Arbeit, sie wurde ein Teil derselben und damit ihr Recht.

Als dann der Führer den Reichsbeauftragten v. Tschammer und Osten anwies, die Ueberführung der Vereine vorzubereiten, war der mecklenburgische Landesschützenbund einer der ersten, der in richtiger Erkenntnis der Erfordernisse der Zeit von sich aus die Auflösung vornahm. Die Tradition übernahm der Gau Hansa; doch als im Frühjahr 1936 die Neuordnung im gesamten Schützenwesen erfolgte, kam die Traditionsbezeichnung in Fortfall. Damit bleibt der Mecklenburgische Landesschützenbund seinen Einzug in die Ehrengeschichte des deutschen Schützenwesens. Mit dem Gelöbnis, daß wir alle bereit sind, für Haus und Hof, für Volk und Vaterland das Letzte herzugeben, übergebe ich das alte Banner an den Beauftragten des Staates. Wir aber geben freudigen Herzens, arbeitsfroh und opferbereit unter der neuen Fahne in die neue Zeit."

Unter den Klängen der Kapelle zog das alte Banner in die Hallen des Museums. Mit klingendem Spiel marschierten die Schützen nun zum Schelfwald, zur Weihe der neuen Fahnen. Dort sprach der Vertreter des Reichssportführers Oppermann zu den Schützen: „Mag vielen der Abschied vom alten Symbol schwer geworden sein, hier gilt es einer Weihestunde, die uns neuen Antrieb geben soll für die Aufgaben der kommenden Zeit. Der Grundgedanke, der einst die Zünfte entstehen ließ, wird bleiben, aber es ist bitter notwendig, daß alles, was sich in der Zeit deutscher Schmach unter uns breit machte, was uns zersetzte und an unserm Mark fraß, beseitigt wird. Vor der aufkommenden Gefahr retteten uns ein einziger Mann, und was wäre aus uns geworden, wenn nicht in letzter Stunde uns Rettung kam? Nicht einer stände mehr hier, denn der Feind im Lande ist allein immer gegen uns Sieger gewesen. Alle wollen Nationalsozialisten sein, wir wissen, daß keiner vorbehrlich ist und nur eine Regierung, eine Klasse oder eine Intelligenz einzelner vermag den wirklichen Nationalsozialismus zu schaffen, er lebt nur durch die gemeinsame und harmonische Arbeit aller Volksgenossen."

Der Redner weihte die neuen Fahnen. Von den Fahnen der Vereine Waren, Neubrandenburg, Grabow und Schwerin sank die Hülle.

Nach kurzer, gemeinsamer Tafel traten die Abordnungen der Vereine zum Schießen an. Es wurden Mannschaftsbewerbe ausgeschossen: Erster Preis: Oelgemälde von Zippendorf, Schützenzunft Neubrandenburg, 277 Ringe; zweiter Preis: Silberner Pokal, Neustrelitzer Schützenkompanie, 275 Ringe; dritter Preis: Statuette: Kavallerist, Laager Schützenzunft, 273 Ringe. Preis für besten Schützen: Standuhr, gestiftet vom Gausportleiter, Nebelt von der Rostocker Schützenzunft, 10 Schuß 105 Ringe. Jedes Mitglied der Schützenzunft Neubrandenburg erhielt eine Olympiaglocke aus der Staatlichen Porzellanmanufaktur Berlin.

Mit der Gründung des Deutschen Schützenverbandes entfielen auch die Bezüge auf die bisherigen Traditionsverbände wie z.B. den Mecklenburger Schützenbund.

Der Deutsche Schützenverband baute eine neue Verbandsstruktur auf.

Trotz der erzwungenen Auflösung des Schützenbundes gelang es, die Deutsche Schützenzeitung noch eine Zeit lang als Fachblatt für sportliches Schießen am Leben zu erhalten.

Deutsche Schützenzeitung besteht weiter.

Vorausſehend, daß mit dem 31. Dezember der Deutſche Schützenbund nach 75jähriger Aufbauarbeit ſeine Tätigkeit beendigen wird, hat der Bund den Verlag bereits am 1. Juli an W. Tümmels Buchdruckerei abgegeben. Die große Anhänglichkeit der Mitglieder, die Kameradſchaftlichkeit, die ſeit vielen Jahrzehnten die Angehörigen des Deutſchen Schützenbundes miteinander verbindet, iſt uns Verpflichtung und Veranlaſſung, die Deutſche Schützenzeitung auch weiterhin zu erhalten als die Trägerin deutſchen Schützengeiſtes.

Es iſt daher falſch, wenn jemand denkt, daß ab 1. Januar die Deutſche Schützenzeitung ihr Erſcheinen einſtellt und automatiſch die Bezieher an eine andere Zeitung übergeführt werden. Schützenkameraden, die Deutſche Schützenzeitung hat Euch in den 75 Jahren ihres Beſtehens die Treue gehalten,

ſie war Euch nicht nur Amtsblatt, ſondern auch Fachzeitung und Familienblatt.

Durch die Deutſche Schützenzeitung ſind Beziehungen zwiſchen Nord und Süd, Oſt und Weſt unſeres deutſchen Vaterlandes angeknüpft worden, dieſe wollen wir auch weiterhin pflegen.

Mit dem 1. Januar erſcheint die neue Verbandszeitſchrift „Der Deutſche Schütze", ſie kommt zweimal im Monat heraus. Die neue Zeitung ſtrebt keine Monopolſtellung an und iſt auch nicht in der Lage, über alle Feſtlichkeiten eines Vereins zu berichten; um ſo mehr, als die amtlichen Organe des Deutſchen Kartells für Sportſchießen und des Reichsverbandes Deutſcher KKS.-Vereine ihr Erſcheinen einſtellen.

Die Deutſche Schützenzeitung als bisheriges Amtsblatt des Deutſchen Schützenbundes

geht nicht ein, ſie beſteht weiter. Es wurde auf Anfrage in Berlin davon Kenntnis genommen, daß ſie bereit ſei, auch weiterhin dem Verband und dem Deutſchen Reichsbund für Leibesübungen zu dienen. Wir richten daher an alle unſere Leſer die dringende Bitte, uns in unſeren Beſtrebungen zu unterſtützen!

Bleiben Sie treue Freunde der Deutſchen Schützenzeitung

und werben Sie neue Kameraden. An die Vereinsführer, Preſſewarte, aber auch an die Sportwarte richten wir die Bitte, uns weiterhin ihre Berichte und Einſendungen zuzuleiten. Wir wollen nach alter Überlieferung im beſten Sinne mithelfen an der Neugeſtaltung des deutſchen Schützenweſens, wir wollen weiterhin Kämpfer ſein für das ſportliche Schießen, für Brauchtum und Tradition der alten Gilden, aber auch treu zur Seite des Verbandes und des Reichsbundes ſtehen.

An der Erſcheinungsweiſe ändert ſich nichts. Die Deutſche Schützenzeitung kommt d r e i m a l im Monat heraus und koſtet im Vierteljahresbezug nur 1.20 Mk. einſchl. Zuſtellgeld. Manuſkripteinſendungen werden zum 3., 13., 23. jeden Monats erbeten.

Bundesmitglieder, haltet Eurer Schützenzeitung die Treue.

Helft mit, daß ſie die Bezieherzahl erhöht, dann kann Euch in der Deutſchen Schützenzeitung noch mehr geboten werden. Jedenfalls aber iſt ſie beſtrebt, alle Bekanntmachungen, Veranſtaltungen, Berichte uſw. ebenſo zu bringen wie bisher. Der deutſche Sport hat in dieſem Winterhalbjahr die Parole herausgegeben, „zu werben von Mund zu Mund", zu werben für den Aufbau des Deutſchen Reichsbundes für Leibesübungen; die Deutſche Schützenzeitung will in ihrem Kreiſe ſein der Trommelbube ſein, der die Trommel gut zu ſchlagen weiß. Kameraden, jeder marſchiert mit im Geiſte des Führers, der uns als Mitglieder des Reichsbundes für Leibesübungen oberſter Führer iſt!

Deutſcher Schützenbund i. Li. **Verlag und Schriftleitung der Deutſchen Schützenzeitung.**

Streit gab es allerdings um das Fortbestehen des Schützenmuseums, für dessen Erhalt ein Verein gegründet wurde. Letztlich setzte sich die Reichssportführung (zum Schaden des Schützenmuseums) unter Hilfestellung der GESTAPO durch.

„Auf Grund § 1 der Verordnung des Reichspräsidenten von Volk und Staat vom 28.02.1933 (RGBl 1 S. 83) wurde mit Verfügung des Polizeipräsidiums Nürnberg-Fürth vom 25.09.1936 der Verein zur Erhaltung und Weiterführung des Deutschen Schützenmuseums aufgelöst, sein Vermögen sowie das Vermögen des Deutschen Schützenbundes e.V. beschlagnahmt."[213]

---

[213] Albl: Scheibenwaffen

Das Schützenmuseum wurde 1938 zwangsaufge-
löst (und geplündert).

In den Jahren nach der nationalsozialistischen
Machtübernahme versuchte man auch, nachträg-
lich die Gründe umzudeuten, die zur Einführung
des Wehrmannsgewehrs geführt hatten[214].

*„In den Bestrebungen des Deutschen Schützen-
tums, seinem Waffendienst wieder eine erhöhte
vaterländische Bedeutung zu geben, hat die Entstehung des Wehrmanngewehres ihren Ur-
sprung. ..."*

Die Gleichschaltung vollzog sich schleichend. Während die Vereine den staatlichen Druck anfangs
nur wenig spürten, wurden sie nach und nach
immer stärker der Kontrolle von Staat und NSDAP
unterstellt. So musste z.B. der Vereinsführer trotz
Wahl durch die Vollversammlung des Vereins vom
Kreisleiter der NSDAP bestätigt werden. Auch die
Mitgliedschaft im Verein wurde jetzt anders gere-
gelt, Neumitglieder mussten bald überall eine ähnliche Beitrittserklärung wie die hier Abgebildete
ausfüllen.

---

[214] DDS 1937 Nr. 8

Roſtocker Schützengilde e. V.

Gegründet: Gewerker-Schützen-Kompagnie 1692
Kaufleute-Schützen-Kompagnie 1466

Anmeldeschein!

Hiermit erkläre ich meinen Eintritt in die Rostocker Schützengilde e. V. zu Rostock zu den mir bekannten Bedingungen und erkläre zugleich auf Ehr und Gewissen, daß ich deutscharischer Abstammung und frei von jüdischem oder farbigem Rasseeinschlag bin, keiner Freimaurerloge oder einem sonstigen Geheimbunde angehöre oder angehört habe. (Wenn ja, ist dies hierunter besonders zu bemerken.)

Die genaue Adresse ist: Rostock, den .... 19........

Vor- und Zuname: ....

Berufsart: ....   Deutliche Unterschrift

Wohnort: ....   Bürgen:

Straße und Hausnummer: ....

Den Abschluss der Gleichschaltung bildete die Unterstellung des „Deutschen Schützenverbandes" unter das Führungsamt der SA.

Mit der nationalsozialistischen Kontrolle über den gesamten Schießsport veränderte sich auch der Inhalt des Schießens. Von staatlicher Seite wurde das Schießen mit Kleinkaliberwaffen gefördert, während das Schießen mit großkalibrigen Waffen bestenfalls geduldet wurde. Im Teil V der 1937/38 erschienenen „Sportordnungen des Deutschen Schützenverbandes - „Sportordnung für das Schießen mit dem Scheibengewehr") findet sich im Absatz I unter Ziffer 3:

„Voraussetzung für Schützen unter 45 Jahren, die sich dem Wettschießsport mit dem Scheibenstutzen widmen möchten, ist der Nachweis über die Erfüllung der Bedingungen in der Meisterschützenklasse für Wehrmanngewehr bzw. Kleinkaliberbüchse oder Wehrmannzimmerstutzen."

Zwischen 1937 und 1938 wurden Schießordnungen erlassen, das Pflichtschießen und Schießleistungsklassen eingeführt und alle Disziplinen auf eine militärische (wehrsportliche) Basis gestellt. Das betraf selbst den Zimmerstutzen, denn es wurden spezielle „Wehrmanns-Zimmerstutzen" entwickelt und ihre Einführung so begründet[215]:

„... Schießen muss Volkssport und damit Wehrsport werden, ... Heute stehen wir mitten im Wehrsportschießen, und was lag näher, als auch dem Zimmerstutzen-Schießsport dieses schon früher als notwendig erkannte Gebiet nunmehr zugänglich zu machen. Man kann wohl sagen, daß dieser Versuch vollkommen geglückt ist; der Wehrmann-Zimmerstutzen fehlt heute in keiner Gesellschaft mehr. Ein Jahr der Einführung hat genügt, um ihn – nachdem auch die entsprechende Waffe gegeben war, - volkstümlich zu gestalten."

J. G. A.-Wehrsport-Karabiner Kal. 4 mm lang

No. 9750

No. 9750 J. G. A.-Wehrsport-Karabiner, in Konstruktion, Abmessungen und Gewichtsverteilung dem deutschen Armeegewehr 98 K angeglichen, vorbildlicher Druckpunktabzug, kurzer Schlagbolzenweg, Kurvenvisier mit seitlich verstellbarer Kimme, Dachkorn, Flügelsicherung. Original Seitengewehrhalter, eingeschraubter Putzstock, Ganschaft mit Pistolengriff und Handschutz, ganze Länge 111 cm, Gewicht ca. 3,8 kg, für Randzünder 4 mm lang, einschließlich Riemen mit Riemenschloß und Mündungsschoner . . . . . RM. 69.—

Beim Pflichtschießen waren 1937 folgende Übungen vorgeschrieben[216]:

---

[215] DDS 1937 Nr. 6
[216] DDS 1937 Nr. 6

Schießübungen für das Jahr 1937

In Ergänzung der darüber erlassenen Bestimmungen haben im Jahre 1937 alle Schützen unter 45 Jahren wahlweise mit e i n e r der nachgenannten Waffen die nachstehenden Uebungen im militärischen Anschlag zu erfüllen:

Wehrmanngewehr

1. 5 Schuß liegend freihändig, 20-Ring-Figurscheibe, kein Schuß unter 10 oder 5 Treffer 55 Ringe.

2. 5 Schuß kniend, 20-Ring-Figurscheibe, kein Schuß unter 9 oder 5 Treffer 50 Ringe.

Kleinkaliberbüchse

1. 5 Schuß liegend freihändig, Brustringscheibe, kein Schuß unter 8 oder 5 Treffer 45 Ringe.

2. 5 Schuß kniend, Brustringscheibe, kein Schuß unter 7 oder 5 Treffer 40 Ringe.

Wehrmannzimmerstutzen

1. 5 Schuß liegend freihändig, Brustringscheibe, kein Schuß unter 9 oder 5 Treffer 50 Ringe.

2. 5 Schuß kniend, Brustringscheibe, kein Schuß unter 8 oder 5 Treffer 45 Ringe.

Die Erfüllung dieser Uebungen ist in die Mitglieds-Schießbücher einzutragen und ist Voraussetzung zur Teilnahme an den Meisterschaften des Verbandes.

Was ist ein „Wehrmannsgewehr"

Formal ist ein Wehrmannsgewehr das Gewehr eines Wehrmanns. Der Begriff „Wehrmann" ist im „Handwörterbuch der gesamten Militärwissenschaften[217]" so definiert:

„Wehrreiter, gleichbedeutend mit Landwehrmann, bez. Landwehr-Kavalerist; ursprünglich besonders in Preußen gebräuchlich."

In der Schweiz mit ihrem Milizsystem wird ein Soldat als Wehrmann bezeichnet. Mit seinem Gewehr (das er nach der Grundausbildung zuhause hat) führt er militärische Schießübungen durch oder bereitet sich darauf vor. Otto Maretsch[218] beschreibt Wehrmannsgewehre so

„Die Wehrmannsbüchse, dem deutschen Infanterie-Gewehr nachgebildet, kann man in gewisser Beziehung als die Scheibenbüchse der Zukunft bezeichnen. Hervorgegangen aus den Bestrebungen, das Schützenwesen für die Wehrkraft des Volkes wieder in höherem Maße dienstbar zu machen, als es durch das Schießen mit dem Präzisions-Scheibenstutzen bisher möglich war, kann die Wehrmannsbüchse als ein vorzügliches Hilfsmittel für alle jene Fälle angesehen werden, in welcher die Verwendung des eigentlichen Infanterie-Gewehres mit seiner Originalmunition (Mantelgeschossen) aus Rücksicht für die Schießplatzanlagen oder aus anderen Gründen unmöglich ist. ...

---

[217] Poten, B.v.: Handwörterbuch der gesamten Militärwissenschaften, Band 8, Berlin 1880
[218] Moderne Scheibenwaffen

Als Hauptunterschiede der Wehrmannsbüchse gegenüber der ...Scheibenbüchse sind anzuführen: der Druckpunktabzug unter Wegfall des Stechers, die grobe Militärvisierung ohne Diopter und die einfache Schäftung ohne Backe, aber mit Pistolengriff. Fast allgemein wird jetzt nur mehr die dem Infanterie-Gewehr 98 nachgebildete Büchse verwendet, während das System des Infanterie-Gewehrs 88 immer seltener für Wehrmannsbüchsen verwendet wird. Kriegervereine, kleinere Schützenvereine auf dem Lande schießen häufig auch noch mit dem Infanterie-Gewehr M.71 oder M.71/84 unter Verwendung der Original-Schwarzpulverpatrone, jedoch sind diese Waffen wegen ihrer geringeren Präzision und wegen des starken Rückstoßes zum Scheibenschießen weniger geeignet."

Allerdings war die Entstehung des Wehrmannsgewehrs in Deutschland weniger von den *„Bestrebungen, das Schützenwesen für die Wehrkraft des Volkes wieder in höherem Maße dienstbar zu machen"* begründet-, sondern aus der Notwendigkeit heraus, an internationalen Wettkämpfen mit Militärgewehren teilnehmen zu können und das Schießen in allen drei Anschlagarten zu ermöglichen.

Zu Beginn des 20. Jahrhunderts gab es drei sportliche Varianten des Armeegewehrs (Wehrmannsgewehrs), die sich im Kaliber und der Laufgeometrie voneinander unterschieden.

1. **Infanterie-Gewehr 88 bzw. 98**, eingerichtet für die **Hülse 88** (metrisch 8x57) mit gleicher Laufgeometrie wie bei den Militärgewehren und für Mantelgeschosse gedacht.

2. **Infanterie-Gewehr M. 88 bzw. 98**, eingerichtet für die **Hülse 88/8Norm** und einem
für Bleigeschosse optimierten Laufprofil mit
längerem Drall.

3. **Infanterie-Gewehr 88 bzw. 98**, eingerichtet
für die **Hülse 8,15x46R**, wobei das Feld-
Zug-Profil und der Drall dem entsprachen,
was auch bei Scheibenstutzen in gleichem
Kaliber üblich war.

Realstücke von Waffen der ersten und zweiten Art
sind bekannt, sie dürften der Entwaffnungswelle
nach dem ersten Weltkrieg zum Opfer gefallen sein.
Im Friedensvertrag von Versailles war eine maxi-
male Anzahl von Waffen im Militärkaliber festgelegt[219]. Außerdem war die Verwendung von Mantelgeschossen auf den meisten Schießständen verboten. Hinzu kam, dass die erreichbare Präzision
mit den großvolumigen Hülsen unbefriedigend
war[220].

> *„Da aus der Wehrmannsbüchse nur Bleige-
> schosse verfeuert werden, so ist Zugkonstruktion
> und Dralllänge sowie die Form des Patronenla-
> gers die gleiche wie bei Scheibenbüchsen; .... Als
> Dralllänge wird meist eine solche von 385mm
> gewählt und ist durch Versuche nachgewiesen,
> daß sich aus derartigen Büchsen auch Mantelge-
> schosse mit großer Treffsicherheit bis 300m ver-
> schießen lassen.... Man hat auch anfangs (na-*

---

[219] Bei den Jägern führte diese Festlegung dazu, dass
Jagdwaffen im Kaliber 8x57 durch leichtes Aufreiben
des Lagers auf das Kaliber 8x60 umgestellt wurden.
[220] Maretsch, Moderne Scheibenwaffen

mentlich bei Büchsen 88) versucht, die Original-
hülse 88 zu verwenden; jedoch waren infolge
des großen Fassungsraumes der Hülse und der
dadurch entstehenden starken Hohlladung die
Schußleistungen namentlich bei rauchlosem Pul-
ver sehr unregelmäßig."

Die meisten Schützen nutzten deshalb schon vor
1914 Wehrmannsgewehre im Kaliber 8,15x46R

Abgesehen vom Kaliber und dem Visier war die
Entwicklung des Wehrmannsgewehrs bereits 1903
abgeschlossen. Zum Grundkonzept gehörte:

- Beliebiges Kaliber, aber ausschließliche
  Verwendung von Bleigeschossen
- Offene Visierung mit Dachkorn und V-
  Kimme,
- Abzug ohne Stecher, Abzugsgewicht mindes-
  tens 1,5kg
- Schaft wie Militärgewehr, ohne Backe
- Verwendung nur als Einzellader.

In Österreich gab es nach dem Ende des ersten
Weltkriegs ähnliche Gewehre auf Mannlicher-
Basis, die dort als *„**Normalgewehre**"* bezeichnet
wurden.

„Das Normalgewehr ist ein für die sogenannte
„Frohn"-Scheibenpatrone 8·15 mal 46·5 umgeän-
dertes Mannlicher-Infanteriegewehr, welches nur
als Einzellader verwendet werden kann."[221]

Diese Gewehre konnten ab 1927 auch bei den
deutschen Bundesschießen verwendet werden.

---

[221] Handbuch für Wehrausbildung – Schießen mit dem
Kleinkaliber- und Normalgewehr

Die in den Schießordnungen der Deutschen Bundesschießen zwischen 1903 und 1934, der deutschen Kampfspiele 1930 und dem Teil IV der Sportordnungen des Deutschen Schützenverbandes getroffenen Festlegungen bestimmten, welche Anforderungen an ein Wehrmannsgewehr gestellt wurden. Beim Bundesschießen 1903 galt[222]:

„Auf die Wehrmannsscheiben dürfen nur ordonnanzmäßige Armeegewehre mit für Bleigeschosse gezogenen Läufen benutzt werden. Der Lauf darf mit jedem beliebigen Patronenlager und mit verschiebbarem Korn versehen sein. Jede andere Aenderung an den Gewehren ist verboten, auch das Anbringen von Gläsern an denselben. Der Abzug muss mindestens 1 ½ Kilo ziehen."

Die Festlegung „beliebiges Patronenlager" bedeutete, dass kein Kaliber vorgeschrieben war. Überwiegend wurde aber die im Feuerstutzen verwendete „Normalpatrone" (alias 8,15x46R) verwendet, da:

„... die Benutzung der gebräuchlichen Normalhülse eine Erleichterung der Einführung des Wehrmannsgewehres bedeutet."

Die obige Festlegung galt bis zum Bundesschießen 1912 in Frankfurt/Main. Die Bundessatzung wurde am 07.10.1912 in Nürnberg geändert, für das Wehrmannsgewehr wurden im Paragraphen 47 folgende Vorgaben gemacht.

„...die Armeegewehre müssen ordonnanzmäßig, jedoch darf das Korn verschiebbar, die Repetiervorrichtung darf nicht vorhanden sein, die Breite der Kornspitze darf nicht über 1,5 Millimeter be-

---

[222] DSWZ 1903 Nr. 7

tragen. Patronenlager und Züge können beliebiger Konstruktion sein. "

Für das Bundesschießen 1927 in München war festgelegt:

*„Auf die **Wehrmannsgewehrscheiben** dürfen nur vorschriftsmäßige Wehrmannsgewehre nach §47 der Bundessatzung benützt werden. Zugelassen sind ferner das deutsche Gewehr 88 und 98, deutsche Karabiner bis einschließlich Kaliber 8 und das österreichische Gewehr sowie der Karabiner System Mannlicher (Steyr) bei gleicher Visierung und Druckpunkt wie für die deutsche Wehrmannsbüchse, nur als Einzellader benützbar.*

Das Anbringen von Gläsern ist nicht gestattet; das Korn darf seitlich verstellbar, jedoch nicht unterfeilt sein. Die Breite der Kornspitze darf nicht über 1,5mm betragen. Der Druckpunkt muß 1,5 kg ziehen. "

Am 26.02.1928 wurde erneut die Satzung geändert und für Wehrmannsgewehre festgelegt[223]:

„Die Wehrmannsgewehre müssen vorschriftsmäßig, das Korn darf verschiebbar, eine Repetiervorrichtung darf nicht vorhanden sein; die Breite der Kornspitze darf nicht über 1,5 Millimeter betragen. Patronenlager und Züge können beliebiger Konstruktion sein. Der Druckpunkt muß 1,5 Kilogramm halten. "

Für die auf den deutschen Kampfspielen 1930 bei der Meisterschaft von Deutschland eingesetzten Wehrmannsgewehre wurde erstmals das Kaliber

---

[223] Ehrenspiegel

8,15x46R vorgeschrieben[224]. Für das letzte vor der Selbstauflösung des Deutschen Schützenbundes abgehaltene Bundesschießen (1934 in Leipzig) galten folgende Festlegungen[225]:

„Die Wehrmannsgewehre müssen den Bestimmungen des Deutschen Schützenbundes entsprechen (siehe Schießbestimmungen). Das Anbringen von Gläsern ist nicht gestattet, dagegen sind Diopterbrillen zugelassen. Patronenlager und Züge können beliebiger Konstruktion sein. Der Druckpunkt muß 1,5 Kilogramm halten. Zugelassen sind die deutschen Gewehre 88 und 98, der deutsche Karabiner bis einschließlich Kaliber 8,15mm, das österreichische Gewehr sowie der Karabiner System Mannlicher (Steyr) bei gleicher Visierung und Druckpunkt wie für die deutsche Wehrmannbüchse, nur als Einzellader benutzbar. Die Visierkimme muss dreieckig, das Korn dachförmig, letzteres kann an der Oberkante bis 2 Millimeter breit sein. Visier und Korn dürfen seitlich verstellbar sein.“

In der 1937 erschienenen *„Wettkampfordnung für Schießen mit dem Wehrmanngewehr"* wird das Wehrmanngewehr so beschrieben.

„1. Kaliber 8,15x46R, mit Bleigeschoss und Messinghülse,

2. Gewicht nicht über 4,5 kg,

3. Äußerlich dem Heeresmodell 98 vollkommen gleichend,

4. Druckpunktabzug von mindestens 1,5kg,

---

[224] DSZ 1930 Nr. 4
[225] DZ 1934 Nr. 15

     5. *Visierung über Kimme und Korn, Kimme drei-*
        eckig, freistehendes Dachkorn, an der Spitze
        maximal 2mm breit,
     6. *Kurvenvisier mit seitlich verstellbarer Kimme,*
        verstellbar durch Mikrometerschraube, Hö-
        henverstellung für 100m, 175m und 300m,
     7. *Nur als Einzellader zu verwenden."*

Die Traditionsrichtlichtlinien (Stand 2016) definie-
ren, was heute als „Wehrmanngewehr" bei Traditi-
onswettbewerben startberechtigt ist.

     „Zugelassen sind alle Wehrmanngewehre /
     Wehrmannbüchsen mit Zylinderverschluss, die
     einen Lauf für Bleigeschosse im Kaliber
     8,15x46R (Deutsche Schützenpatrone) besitzen.

     a) *Dies sind die Umbauten aus dem Gewehr 88*
        und Gewehr 98 sowie dem österreichischen
        Mannlicher-Gewehr bzw. Mannlicher-Stutzen
        M 95, wobei die äußere Form der Gewehre
        unverändert blieb. Die Original Haenel Lorenz
        Wehrmannbüchse ist ebenfalls zugelassen
        und auch die Original Mauser Wehrmanns-
        büchse. Die Waffen dürfen nur als Einzella-
        der nutzbar sein.
     b) *Zugelassen ist nur der Druckpunktabzug,*
        kein Stecherabzug. Der Abzug muss mindes-
        tens 1,5 Kilogramm halten.
     c) *Die Visierung muss offen sein und aus Kim-*
        me und Korn bestehen. Zielfernrohre, Diopter
        usw. sind nicht zulässig. Der Kimmenaus-
        schnitt muss V-förmig (dreieckig) sein. Die
        Kimme darf in Höhe und Seite verstellbar
        sein. Das Korn muss dachförmig sein. Dabei
        darf die Oberkante des Korns bis zu 2 mm
        breit sein. Das Korn darf seitlich verschiebbar
        sein. Ein Kornschutz ist nicht zulässig. Zuläs-

sig sind alle militärisch eingeführten Visiere (für G88, G98 und M.95) sowie die für Wehrmanngewehre angebotenen Feinvisiere von Mauser und Haenel.

Nicht zulässig ist die Verwendung eines Gewehrriemens.

Hinweis: Umgebaute Karabiner 98K mit Bleigeschosslauf sind nicht zugelassen."

Diese Definition ist der Endpunkt einer langen Entwicklung.

Schießen mit dem Wehrmannsgewehr

Das Wehrmannsgewehr war deutlich weniger verbreitet als man nach den Artikeln in der Deutschen Schützenzeitung vermuten könnte.

Auf den deutschen Bundesschießen war die Beteiligung auf der Wehrmannsgewehr-Festscheibe immer geringer als die auf die anderen Festscheiben. Das zeigt, dass nur eine Minderheit der Schützen diese Gewehre tatsächlich nutzte.

Bundes-schießen	Schützen Stand-Festscheibe	Schützen Feld-Fest-scheiben	Schützen Wehrmanns-gewehr-Festscheibe
München 1906[226]	4145	3400	431
Hamburg 1909[227]	3614	2821	759
Frankfurt 1912[228]	4819	3779	1078
München 1927[229]	4326	3040	821
Köln 1930[230]	2257	1785	991
Leipzig 1934[231]	1496	844	746

---

[226] Festzeitung zum 14. Deutschen Bundesschießen, München 1906
[227] Festzeitung zum 15. Deutschen Bundesschießen, Hamburg 1909
[228] Festzeitung zum 16. Deutschen Bundesschießen, Frankfurt 1912
[229] Festzeitung zum 18. Deutschen Bundesschießen, München 1927
[230] Festzeitung zum 19. Deutschen Bundesschießen, Köln 1930

Eine Analyse der regionalen Bundesschießen zeigt ein ähnliches Bild. Stellvertretend für andere Bundesschießen hier eine Auswertung des 52. Norddeutschen Bundesschießens in Güstrow, das der Norddeutsche Schützenbund vom 05. - 08. Juni 1932 veranstaltete. Auf diesem Bundesschießen gab es auch eine Wehrmannsmeisterschaft. Die Aufstellung der insgesamt abgegebenen Schusszahlen zeigt, dass von 16.366 abgegebenen Schüssen lediglich 753 (also 4,6%) mit dem Wehrmannsgewehr abgegeben wurden (Wehrmann-Meisterschaft 75 Schuss, Wehrmann-Meisterscheibe 678 Schuss).

Gesamtzahl der abgegebenen Schüsse

Festscheibe Deutschland	84 Satz	à 4 Schüsse	336	Schüsse
Festscheibe Schleswig-Holstein .	84 „	à 4 „	336	„
Festscheibe Güstrow	84 „	à 4 „	336	„
Festscheibe Vaterland	21 „	à 2 „	42	„
Stechschüsse ...			5	„
Feldmeisterschaft	14 „	à 15 „	210	„
Standmeisterschaft	26 „	à 15 „	390	„
Auflagemeisterschaft.....	39 „	à 16 „	624	„
Wehrmannmeisterschaft	5 „	à 15 „	75	„
Feldmeister	469 „	à 3 „	1407	„
Standmeister	769 „	à 3 „	2307	„
Auflagemeister	448 „	à 3 „	1344	„
Wehrmannmeister	226 „	à 3 „	678	„
Kleinkaliber	339 „	à 5 „	1695	„
Pistole	162 „	à 3 „	468	„
Rehbock	120 „	à 3 „	360	„
Keiler	28 „	à 3 „	84	„
Vereinswettschießen	7 „	à 50 „	350	„
Punktschießen	987 „	à 5 „	4935	„
Silberscheibe	122 „	à 3 „	366	„

Zusammen 16 366 Schüsse [232]

An der Wehrmann-Meisterschaft beteiligten sich 5 Schützen. Den beiden Erstplatzierten winkten gro-

---

[231] Festzeitung zum 20. Deutschen Bundesschießen, Leipzig 1934
[232] Siegerliste 52. Norddeutsches Bundesschießen

ße silberne Sterne. Jeder Stern wog mehr als 100
Gramm und bestand aus 800er Silber.

Wehrmann-Meisterschaft

| 1 | Emil Bringezu, Leipzig | 218 | 1 Stern |
| 2 | Ernst Roeßelt, Hamburg | 215 | 1 Stern |

$$5 \times 6\ \mathit{RM} \ldots\ldots = 30.— \ \mathit{RM}$$
$$\text{ab 2 Sterne} \ldots\ldots = 30.— \ \mathit{RM}$$
$$\overline{ 0.— \ \mathit{RM}}$$

233

Die Sieger der Wehrmann-Meisterschaft 1932
in Güstrow

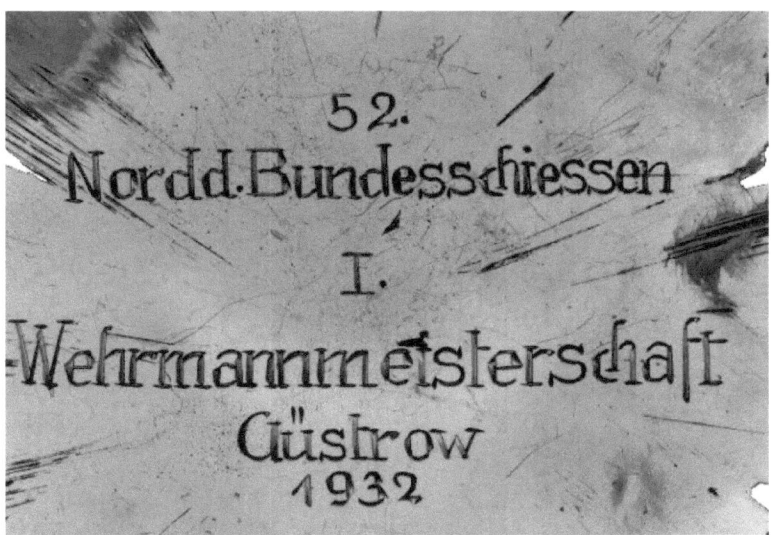

Gravur auf der Rückseite des Sterns für den Sieger

---

233 Siegerliste 52. Norddeutsches Bundesschießen

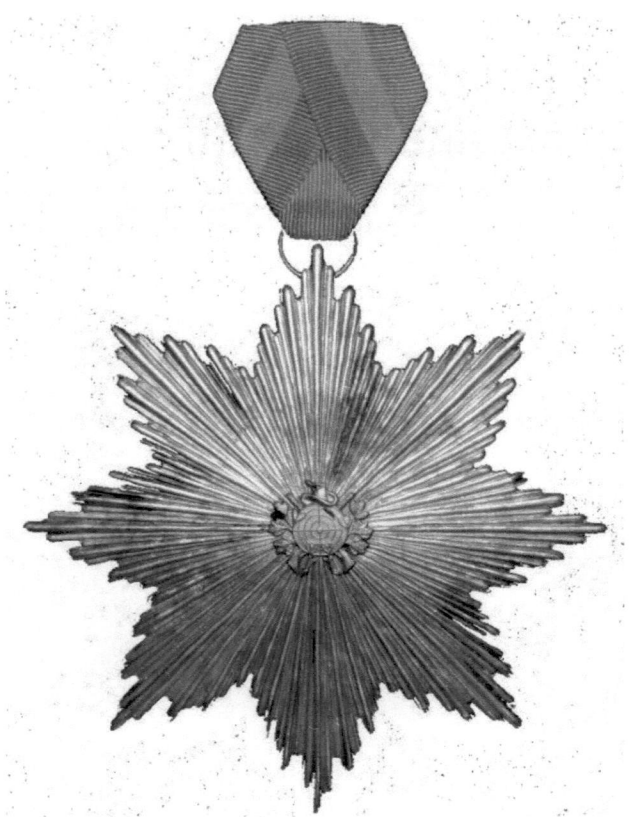

***Vorderseite des Sterns für den Sieger der Wehr-
mannmeisterschaft***

Auf die Wehrmann-Meisterscheibe wurden 226
Serien zu je 3 Schuss abgegeben. Da ein Schütze
hier beliebig viele Schüsse abgeben konnte, lässt
sich nicht feststellen, wie viele Schützen sich tatsächlich am Schießen auf die Wehrmann-
Meisterscheibe beteiligten.

Fotografien, die Schützen mit Wehrmannsgewehren zeigen, sind eher selten zu finden.

Auf dem undatierten Foto[234] sind zwei Schützen zu sehen, die mit dem Wehrmannsgewehr schießen; auf Bahn 4 liegend aufgelegt, auf Bahn 3 stehend. Im Gewehrständer steht ein weiteres Wehrmannsgewehr. Vorn am Schreibtisch der Schreiber, der die vom Zieler per Telefon übermittelten Ergebnisse in die Schießkladde einträgt.

Das folgende, 1931 in Zittau aufgenommene, Foto zeigt einen Schützen im Kniend-Anschlag. Er trägt eine Schießweste und (für den Liegend-Anschlag bestimmt) Ellenbogenschoner.

---

[234] Veröffentlichung dieses und des folgenden Fotos mit freundlicher Genehmigung von Michael Hammer, Wuppertal.

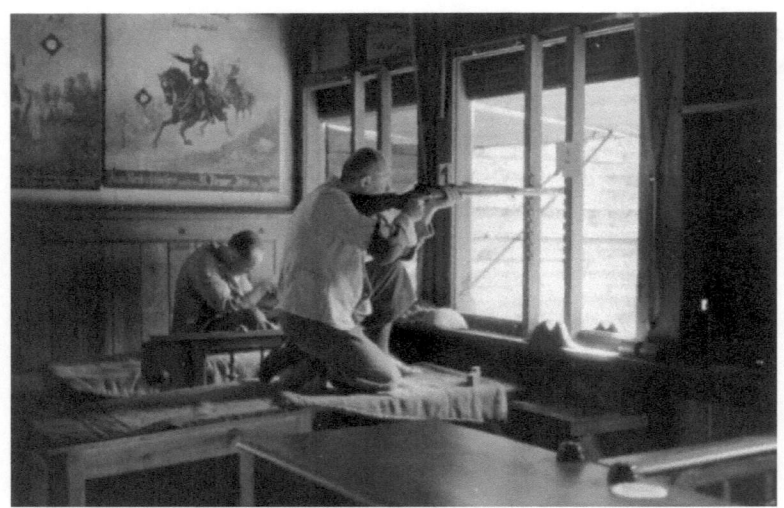

Hersteller von Wehrmanngewehren

Vor- und während des ersten Weltkriegs fertigte nur die Waffenfabrik Mauser in Oberndorf vollständige Wehrmannsgewehre. Ab 1926 stellte auch Haenel in Suhl komplette Wehrmannsgewehre her und vertrieb sie unter dem geschützten Markennamen „Original Lorenz".

Mauser

Da die Patente auf das System 98 der Waffenfabrik Mauser gehörten, wurden Wehrmannsgewehre auf Basis Gewehr 98 bis 1918 ausschließlich von der Waffenfabrik Mauser gefertigt, die damit Händler oder Büchsenmacher belieferte. Mauser verkaufte auch 98er Systeme an andere Hersteller, die daraus Jagdrepetierer herstellten.

Vor dem ersten Weltkrieg wurden zwei Ausführungen von Wehrmannsgewehren gefertigt; neben der Ausführung für die Schützenpatrone auch eine Ausführung im Kaliber 8x57 (Wehrmannspatrone, Bodenstempel der Hülse Mod 88/8 Norm). Die Mauser-Werbung[235] enthält genaue Angaben über die Masse, die Zugkonstruktion, Wiederladedaten und die ballistischen Leistungen der Waffen sowohl im Kaliber 8x46R als auch im Kaliber 8x57. Realstücke in dem Kaliber sind nicht bekannt.

Vor 1918 von Mauser gefertigte Wehrmannsgewehre tragen auf dem Hülsenkopf die dreizeilige Herstellerangabe „Waffenwerke Mauser A.G. Oberndorf a.N" und seitlich auf der Hülse „Gewehr 98".

---

[235] DSWZ 1915 Nr.41

Konstruktive und ballistische Angaben:

    Gewicht des Gewehres   4,1 kg
    Länge   „   „   1250 mm
    Länge des Laufes   740 mm
    Kaliber des Laufes   7,7 mm
    Durchmesser in den Zügen   8,0 mm
    Zahl der Züge   6
    Drall, rechts, eine Umdrehung auf   360 mm

Munition:

a) Scheibenbüchsen-Patrone:

Geschoß: Bleigeschoß Nr. 16 hart, von R. W. S. N., Gewicht 10,8 g
Pulver: Rottweiler rauchloses Scheibenpulver „Otto", Pulverladung 0,8 g
Patronenhülse: Bezeichnung: „8,15×46 Norm.", Gewicht 8,0 g
    Mündungsgeschwindigkeit im Mittel 450 m/s.

b) Wehrmanns-Patrone:

Geschoß: Bleigeschoß Nr. 420 von C. R. W., Gewicht 10,5 g
Pulver: Rottweiler rauchloses Scheibenpulver „Otto", Pulverladung 1,1 g
Patronenhülse: Bezeichnung: „Mod. 88/8 Norm.", Länge 57 mm,
    Gewicht 10,6 g. Mündungsgeschwindigkeit im Mittel 475 m/s

Mittlere Flugbahnhöhen:

	50 m	46,5 cm
	100 „	78,5 „
Entfernung 300 m: Flughöhe auf	150 „	93 „
	200 „	86 „
	250 „	55 „

	50 m	19 cm
	75 „	24,5 „
Entfernung 175 m: Flughöhe auf	100 „	25,5 „
	125 „	22,5 „

Die unten aufgeführten Verkaufszahlen wurden
der Literatur[237] entnommen bzw. für 1914 und

---

[236] DSZ 1914 Nr. 7
[237] Speed, J.: „The Mauser Archive"

1915 (hier liegen keine Werte vor) geschätzt. Allerdings sind die Angaben in der Literatur unvollständig, weshalb die hier angegebenen Verkaufszahlen als „derzeitiger Stand der Forschung" anzusehen sind.

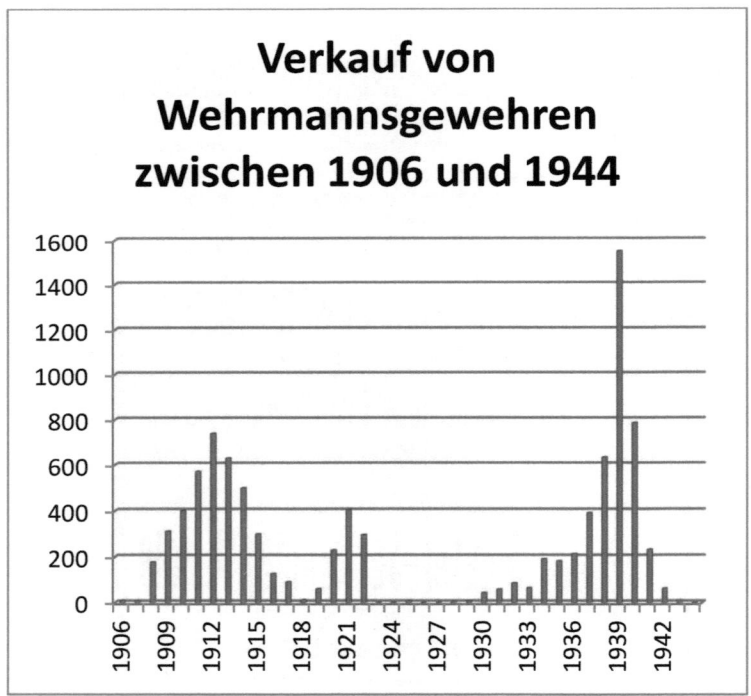

Verkauf von Wehrmannsgewehren zwischen 1906 und 1944

Die ersten Wehrmannsgewehre wurden 1906 verkauft, die letzten 1944. In den Verkäufen bis 1918 sind auch Wehrmannsgewehre im Kaliber 8x57 enthalten. Es ist nicht möglich festzustellen, wie viele Waffen im Kaliber 8x57 gefertigt wurden und wie viele im Schützenkaliber 8,15x46R.

Die Verkaufszahlen für 1939 (1550 Stück) enthalten auch die 1938 gefertigten 1.000 Wehrmannsgewehre für den Tiroler Standschützen-Verband[238].

Ohne diese Gewehre wurden von Mauser zwischen 1906 und 1944 wahrscheinlich 8418 Wehrmannsgewehre verkauft.

Der Verkauf der Einheitsgewehre verlief schlecht, denn zwischen 1933 und 1942 wurden lediglich 345 Einheitsgewehre verkauft.

Verkaufszahlen des
Einheitsgewehrs 1933 - 1942

[238] Nach dem „Anschluss Österreichs" im März 1938 hatten mehrere NS-Organisationen Interesse daran, sich die Tiroler Standschützen einzugliedern. Nach einigen internen Querelen setzte sich der Tiroler Gauleiter Hofer durch. Am 30.09.1938 wurde der „Tiroler Standschützenverband" gegründet und dem „Gauleiter des Gaues Tirol der NSDAP" (also aktuell Hofer) unterstellt. Der „Standschützenverband" sollte das gesamte Tiroler Brauchtum umfassen; zu ihm gehörten nicht nur alle Schützengilden und Schützenkompanien, sondern auch Tiroler Schuhplattler-Vereine, Volkstanz-Vereine und Trachtenmusikkapellen. Später organisierte der T.St.V. die Tiroler Landesschießen.

Zum Vergleich: Zwischen 1924 und 1945 wurden von Mauser etwa 410.000 Kleinkalibergewehre verkauft. Nach 1918 gefertigte Gewehre tragen als Herstellerbeschriftung die Mauser-Tonne.

Haenel

Die Firma C.G. Haenel fertigte schon vor 1900 Waffen, von denen hauptsächlich die Aydt-Büchsen bekannt waren. Außerdem wurden auch Fahrräder gefertigt. Ebenso verkaufte die Firma „Original-Infanterie-Gewehre für Hülse 88 oder Normalhülse", also für die Schützenpatrone abgeänderte Militärgewehre. Die Ausgangsmodelle dieser Waffen waren wahrscheinlich Handelsware, denn vor dem ersten Weltkrieg fertigte Haenel keine Militärgewehre. Während des ersten Weltkriegs gehörte Haenel zum „Suhler Konsortium (bestehend aus: J.P Sauer&Sohn, C.G.Haenel, V.C.Schilling), das ab 1915 etwa 200.000 Gewehre 98 herstellte[239].

240

Die „Waffen- und Fahrradfabrik C.G.Haenel" stellte nach dem ersten Weltkrieg neben Waffen auch Fahrräder, Maschinen, Maschinenteile, Treibriemen, Schläuche, Automaten, Haus- und Küchengeräte, Stall-, Garten- und landwirtschaftliche Geräte her. Ab 1925 geriet die Firma in die Verlustzo-

---

[239] J.P Sauer & Sohn
[240] DSWZ 1903 Nr. 24

ne, suchte deshalb nach neuen Absatzmöglichkeiten und nahm 1926 die Fertigung von Wehrmannsgewehren auf. Sie wurden unter dem Markennamen „Haenel-Lorenz-Gewehre" angeboten und waren auf dem Hülsenkopf entsprechend beschriftet. Der Namenteil „Lorenz" bezieht sich auf Peter Lorenz, den Präsidenten des Schützenbundes, der selbst erfolgreicher Schütze mit dem Wehrmannsgewehr war.

Haenel verzichtete bei diesen Gewehren auf die bei einem Wehrmannsgewehr überflüssige Mehrladeeinrichtung des Gewehrs 98.

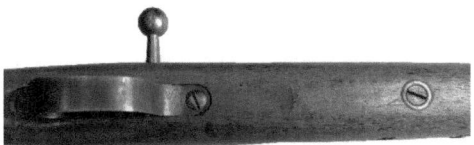

Gewehr "Original Haenel-Lorenz" Schaft-Unterseite

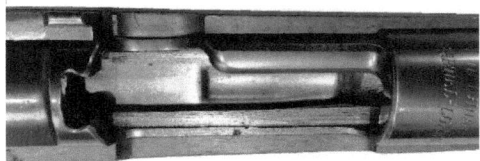

Gewehr "Original Haenel-Lorenz" – Patroneneinlage

Beim Verschluss wurden Anfangs wohl noch vorhandene Verschlüsse mit der langen Auszieherfeder des Gewehrs 98 verwendet. Im Laufe der Fertigung wurde die Auszieher-Feder am Verschluss deutlich verkürzt.

Gewehr "Original Haenel-Lorenz" – Verschluss mit kurzer Auszieher-Feder

Gewehr „Original Haenel-Lorenz" - Hülsenkopf

Zusätzlich wurden auch Stempel mit den ineinander verschlungenen Buchstaben HS („Haenel Suhl") verwendet. Bei ab 1931 gefertigten Gewehren[241] wurde der bekannte Haenel-Pfeil angebracht.

---

[241] Das Markenzeichen „Haenel-Pfeil" wurde erst am 15.01.1931 unter der Nummer 427982 geschützt.

Gewehr „Original Haenel-Lorenz" - Hülsenkopf mit dem Haenel-Pfeil".

Ab 1930 wurden auch nachrüstbare Feinvisierungen für vorhandene Wehrmannsgewehre hergestellt, die sich auf dem Sockel des Lange-Visiers montieren ließen.

Folgende Verkaufszahlen[242] für Wehrmannsgewehre „Original Haenel-Lorenz" sind bekannt.

Geschäftsjahr	Verkaufszahlen
1925/26	229
1926/27	568
1936/37	205
1937/38	109
1938/39	151

Wahrscheinlich wurden weniger als 5.000 Gewehre verkauft. Ob und wie viele Einheitsgewehre von

---

[242] Thüringer Staatsarchiv, Außenstelle Suhl, Akte Nr. 85

Haenel gefertigt wurden, ist unbekannt. Dem Autor
sind keine Realstücke bekannt.

Umbau zum Wehrmannsgewehr

Die meisten der heute noch vorhandenen Wehrmannsgewehre entstanden nach dem ersten Weltkrieg. Nach der teils unter chaotischen Bedingungen abgelaufenen Auflösung der Armee waren in der Bevölkerung noch Gewehre 98 verblieben. Viele von denen wurden nun in Wehrmannsgewehre umgebaut. Den Umbau nahmen Büchsenmacher vor. Als Beispiel hier ein Auszug aus dem Katalog des Büchsenmachers Heinrich Moritz

Umänderungen

Wehrmannsbüchsen-Aenderungen, Einpassen eines neuen Laufes für Normal-Schützenpatrone, Verwendung der alten Visierung eingeschossen, Gewehr vollständig aufgefrischt

Solche Umbauten waren nur bis zum Beginn der zunächst verdeckten Wiederaufrüstung möglich, denn zu diesem Zeitpunkt wurde ein Verbot erlassen, Militärgewehre in zivile Waffen umzubauen.

Beim Umbau eines Gewehrs 98 in ein Wehrmannsgewehr wurde der vorhandene Lauf entfernt und ein neuer Lauf mit einem für Bleigeschosse geeigneten Profil und passendem Patronenlager eingelegt.

Der Kopf des Verschlusszylinders wurde so ausgedreht, dass er den Rand der Patrone aufnehmen konnte. Allerdings wurde dabei meist auch die einsatzgehärtete Schicht des Verschlusskopfes abgetragen, was dazu führte, dass das Zündhütchen der Schützenpatrone bereits nach wenigen Schüs-

sen deutliche Spuren auf dem Kopf des Verschlusszylinders hinterließ.

**Links der Verschluss eines viel benutzten Wehr-
mannsgewehrs, rechts der originale Verschluss des
Gewehrs 98**

Ein Vergleich zwischen den Verschlüssen eines
Gewehrs 98 und eines Wehrmannsgewehrs zeigt
die Änderungen.

Der Auszieher wurde an die Schützenhülse angepasst und am vorderen Ende so gestaltet, dass er
die Hülse aus dem Lager zog.

Auch der Abzug wurde überarbeitet, um eine bes-
sere Charakteristik und den zulässigen Abzugswi-
derstand von 1,5 kg zu erreichen.

Außerdem wurden alle militärischen Markierungen
entfernt. Nach damaliger Rechtslage (s. Seite 105)
waren es nach dem Entfernen dieser Zeichen keine
Militärwaffen mehr.

Weitere Änderungen waren nicht notwendig, auch
die originale Visierung wurde beibehalten.

Manche Wehrmannsgewehre haben eine besonders
gestaltete Schlagbolzenspitze; der Abdruck des

Schlagbolzens auf dem Zündhütchen kennzeichnete so die abgeschossene Hülse.

Wehrmannsgewehre wurden ausschließlich als Einzellader verwendet und hatten statt des Zubringers eine Lademulde aus Metall oder Holz. Diese Lademulde wurde von unten in den Magazinschacht gesetzt und durch die originale Magazinfeder in seiner Position fixiert. Da das auf die Militärpatrone M.88 bzw. M.03 (alias 8x57IS) abgestimmte Magazingehäuse nicht verändert wurde, lassen sich Wehrmannsgewehre nicht als Mehrlader verwenden, auch wenn anstatt der Lademulde ein Zubringer montiert würde. Die kurze Randpatrone 8,15x46R würde sich im Magazin verklemmen und ließe sich nicht repetieren.

Stempel auf Wehrmannsgewehren

Bei Wehrmannsgewehren, die nach 1918 aus Gewehren 98 entstanden sind, befinden sich auf dem Verschlusskopf keine militärischen Stempel.

Auch die Angabe „Gewehr 98" links auf der Systemhülse wurde entfernt. Die Angabe, wer den Umbau vorgenommen hat ist eher selten, kann aber vorkommen.

243

Umbaumarkierung von Anschütz

Manche Gewehre tragen auf der Laufwurzel den Stempel „BLG SchH". Der Stempel liest sich als „Bleigeschoss Schützenhülse" und zeigt, dass das Lager der Waffe für die Schützenhülse 8,15x46R ausgelegt ist und dass der Lauf für Bleigeschosse eingerichtet war. Der Hinweis auf die Verwendung von Bleigeschossen war wichtig, denn die Patrone

---

243 Bildquelle: Egun-Auktion Nr. 19629167

8,15x46R wurde für jagdliche Zwecke auch mit Teilmantelgeschossen hergestellt.

Bei schon vor dem ersten Weltkrieg hergestellten Waffen kann über der Angabe „BLG SchH" bzw. „BLG. Sch.H" auch ein N gestempelt sein, wenn das Patronenlager für Normalhülsen ausgelegt ist.

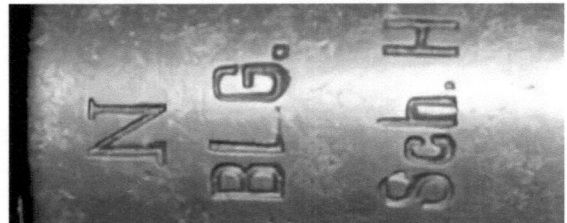

Vollständige Beschussangaben sind üblicherweise auf der Laufunterseite zu finden.

Bei von Mauser gefertigten Wehrmannsgewehren wurde nach 1926 die Mauser-Tonne auf den Verschlusskopf gestempelt.

Die Schäfte aller bei Mauser gefertigten Gewehre tragen auf der Unterseite (vor dem Abzugsbügel) das Zeichen der Mauser-Werke.

Findet sich dieses Zeichen auf dem Schaft auf einem aus einem Gewehr 98 umgebauten Wehrmannsgewehr, bedeutet das lediglich, dass die Ausgangswaffe bei Mauser gefertigt wurde.

Die nur bei Mauser hergestellten Waffen für den Tiroler Standschützenverband haben einen eigenen Seriennummernblock (von 20.000 bis 21.000) und eine besondere Beschriftung auf dem Hülsenkopf.

Beschriftung auf dem Hülsenkopf eines Gewehrs für den Tiroler Standschützenverband

Das Visier der Wehrmannsgewehre

Bis 1931 glich die zulässige Visierung der Wehrmannsgewehre äußerlich der der Militärwaffen. Allerdings gab es an die ballistische Leistung der Schützenpatrone angepasste Markierungen auf dem Visiersockel, die helfen sollten, den Schieber des Lange-Visiers auf der korrekten Position einzustellen.

Markierungen für 100m (Körnerpunkt), 175m und 300m (Sterne) auf dem Kimmensockel eines Wehrmannsgewehrs

Bereits 1912 hatte Maretsch in seinem Buch „Moderne Scheibenwaffen" vorgeschlagen, zum Ausgleich von Seitenwindeinflüssen eine seitlich verstellbare Kimme zuzulassen. Allerdings blieb die Festlegung, dass die Kimme nur höhenverstellbar sein durfte, bis 1931 gültig. Ein Ausgleich des Seitenwindeinflusses auf die Trefferlage war vorher lediglich durch einen veränderten Haltepunkt möglich. Allerdings gab es seit 1914 mit der „Lorenz´schen Figurenscheibe" eine an diese Problematik angepasste Scheibe.

Erst im Zusammenhang mit der beabsichtigten Einführung des Einheitsgewehrs ließ die Schießordnungskommission in der Sitzung vom 09. und 10. Januar 1931[244] beim Wehrmannsgewehr auch seitlich verstellbare Kimmen zu.

Mauser verwendete danach solche Visiere für die Mauser-Wehrmannsgewehre, während Haenel seine auf den Sockel des Lange-Visiers montierbare

---

[244] DSZ 1931 Nr. 7, Antrag Nr. 32

seitlich verstellbare Kimme verwendete. Diese Kimmen wurden auch für die nachträgliche Montage angeboten

Haenel-Feinvisier zum Nachrüsten

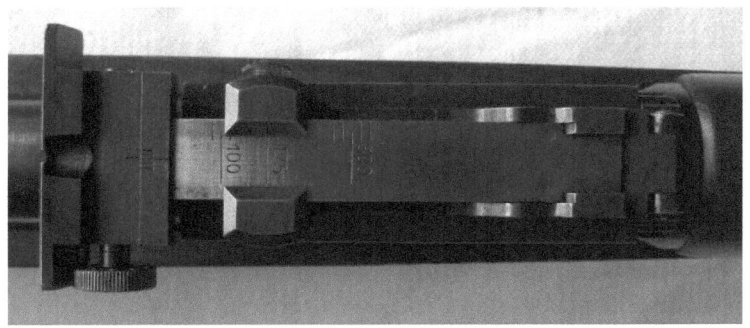

Das Haenel-Feinvisier von oben, mit Marken für 100m, 175m und 300m

Die von Mauser verwendeten seitlich verstellbaren Visiere waren nicht für die Nach- oder Umrüstung geeignet, denn sie verwendeten nicht den Visiersockel des Lange-Visiers.

Das oben abgeflachte Korn der Wehrmannsgewehre ist höher als bei Militärwaffen und durch seine Form für das sportliche Schießen optimiert. Anfangs durfte die Abflachung höchstens 1,5 mm breit sein, später war Breite bis 2 mm zugelassen.

"Wehrmannsdiopter"

Die heute als „Wehrmannsdiopter" angebotenen Diopter waren bei Wettkämpfen für Wehrmannsgewehre nicht zulässig, konnten aber verwendet werden, wenn auf eine eigentlich für Stutzen gedachte Scheiben geschossen wurde.

Für das Schießen enthielt die Ausschreibung für das 20. Deutsche Bundesschießen, Leipzig 1934, folgende Vorgaben:

„Es wird nur freistehend aus freier Hand geschossen. Auf die Wehrmann- und Kleinkaliberscheibe auch kniend oder sitzend oder liegend freihändig. Der Anschlag des Gewehrs unter dem Rock[245] oder das Schießen in Hemdsärmeln ist nicht gestattet. Polstern und dergleichen als ausgesprochene Stütze des Armes sind verboten. Scheublenden am Gewehr sind verboten."

---

[245] damals übliche Bezeichnung für Jacke

Munition

Heute sportlich einsetzbare Wehrmannsgewehre haben ausschließlich das Kaliber 8,15x46R. Deshalb ist es sinnvoll, sich näher mit der Patrone zu beschäftigen.

Die Hülse

In Deutschland wurden nach 1875 eine große Anzahl von „Schützenpatronen" entwickelt, von denen nur die um 1890 vom Suhler Waffenfabrikanten Frohn entwickelte Patrone[246] 8,15x46R überlebte. Sie verdrängte in kurzer Zeit alle anderen Patronen vom Markt. Ihr Stern begann erst in den dreißiger Jahren zu sinken, als „Wehrsportgewehre" im Kaliber .22lfB favorisiert wurden.

Die Patrone war auch eine beliebte Jagdpatrone. Jagdpatronen hatten ein Teilmantelgeschoss und eine stärkere Ladung. Solche Patronen waren beim sportlichen Schießen allerdings nicht zulässig.

Die Patrone war (und ist!) sehr präzise und hat bis etwa 200m ein hervorragendes Präzisionspotential. Negativ ist allerdings, dass die 8 bis 10 Gramm schweren Geschosse empfindlich auf Seitenwind reagieren.

---

[246] Nach ihrem Entwickler früher auch häufig als „Frohn-Patrone" bezeichnet.

200 Ringe aus 200 möglichen
mit 10 Schuß auf 150 m. Patrone
8,15×46R mit RWS-Bleigeschoß
Nr. 16 hart und Troisdorfer Ein-
zelladung 0,8 g

247

**Der Durchmesser des Scheibenzentrums betrug
3,5cm**

Die Hülse der Patrone 8,15x46R wurde als eine der
ersten Hülsen 1910 „normalisiert", d.h. die Hül-
senhersteller einigten sich auf verbindliche Maße
für die Hülse. Gleichzeitig wurde auch eine einheitliche Kennzeichnung der Hülsen beschlossen. Der
Hülsenboden sollte die Bezeichnung 8,15x46Norm
sowie ein Kennzeichen für den Hersteller der Hülse
tragen (D – Durlach; L – Linden; K – Karlsruhe, N –
Nürnberg, Sch – Schönebeck/Elbe; So – Sömmer-
da, Su – Suhl).

---

247 RWS - Schießtechn. Handbuch für Jäger und Schützen, Nürnberg 1940.

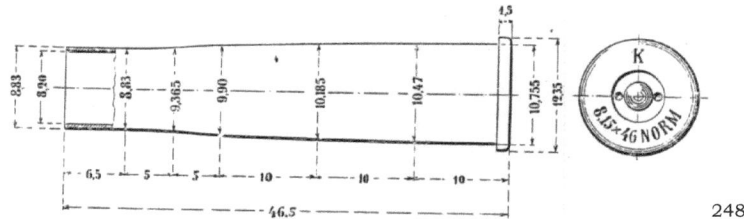

248

Allerdings löste die Normierung nicht das Problem unterschiedlich geformter Lager. Vor dem ersten Weltkrieg wurden, speziell für rauchschwache Pulver, zwei Hülsensorten mit einer deutlich größeren Wandstärke gefertigt: Die Tesco-Hülse mit konischem Innenraum sowie die Hartstang-Hülsen mit zylindrischem Pulverraum.

Neue Spezial-Scheibenhülse Mod. Hartstang 1910
passend für jede Büchse und alle Geschosse 8 mm.

Viele lobende Anerkennungsschreiben von erstkl. Büchsenmachern u. Meisterschützen.

D. R.-G.-Muster 405066.

Fr. Hartstang, Waffenfabrik, **Köln.**

249

Diese Hülsen waren aber nicht sonderlich weit verbreitet.

Der größte Vorzug der „Normal-Scheibenbüchsen-Patrone 8,15x46R" bestand darin, dass sie sich problemlos wiederladen ließ. War beim Schießen die Munition verbraucht, wurden die Patronen auf dem Stand nachgeladen. Dafür gab es auf jedem Schießstand einen besonderen Raum, den

---

[248] SuW 1910 Nr. 23
[249] DSZ 1910 Nr. 29

„Ladsaal". Da die Hülsen immer aus der gleichen Waffe verschossen wurden, musste man sie nicht bei jedem Ladevorgang kalibrieren. Kalibriert wurde nur dann, wenn sich die Hülse nicht mehr ins Lager schieben ließ. Zum Kalibrieren reichte ein einfaches Gerät aus. Man konnte die Hülsen zum Kalibrieren auch beim Büchsenmacher abgegeben.

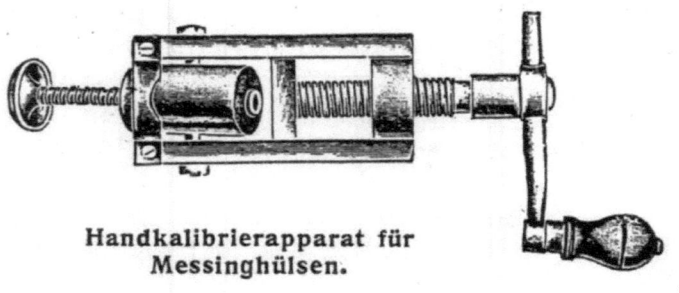

Handkalibrierapparat für Messinghülsen.

250

Die Ladung

Die Patrone wurde anfangs nur mit Schwarzpulver geladen. Zum Laden der Patrone reichte aus, das alte Zündhütchen zu entfernen, ein neues Zündhütchen zu setzen, den Pulverraum der Hülse mit Schwarzpulver zu füllen und das Geschoss mit einem Setzer in den Hülsenmund zu drücken. Durch den Führungsring am Geschoss war die Setztiefe begrenzt, so dass die Patronen (trotz der einfachen Werkzeuge) immer die gleiche Länge hatten.

Zum Wiederladen wurden nur eine Zündhütchen-Zange (Berdan-Zange) zum Entfernen des abge-

---

250 SuW 1909 Nr. 2

schossenen und Setzen des neuen Zündhütchens und ein Geschoss-Setzer benötigt.

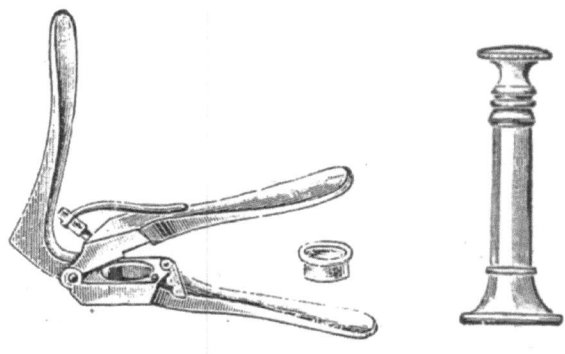

251

Zündhütchen-Zange und Geschoss-Setzer

Das Pulver wurde nicht abgewogen, sondern mit einem Schöpflöffel geschöpft. Dieses Verfahren erschwerte den Umstieg auf rauchschwache Pulver, denn da es anfangs nur Blättchenpulver gab, lieferte ein Schöpfen dieser Pulver keine gleichmäßige Ladung[252], und ungleichmäßig geladene Patronen trafen nicht präzise bzw. konnten im schlimmsten Fall zu einer Waffensprengung führen. Die Industrie reagierte schnell und bot etwa ab 1910 grobkörnige Pulversorten an, die sich mit ausreichender Genauigkeit mit dem Schöpflöffel dosieren ließen. Jeder Packung mit Pulver wurde jetzt ein

---

[251] Kombiniert aus zwei Abbildungen aus SuW 1914-1915

[252] Die maximal zulässige Abweichung der Ladung der Militärpatrone 88 lag bei 0,02 Gramm oder 0,3 Grain.

Schöpflöffel beigelegt, auf dessen Griff die Pulver-
sorte und die Größe der Ladung angegeben war.

Zwei Schöpflöffel

Beschriftung auf dem Griff des oberen Schöpflöffels

Beschriftung auf dem Griff des unteren Schöpflöffels

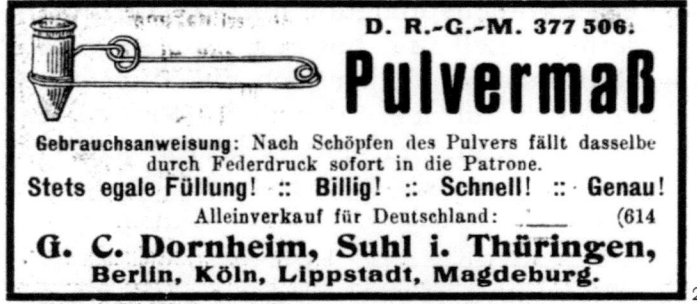

253

D. R.-G.-M. 377 506.

Pulvermaß

Gebrauchsanweisung: Nach Schöpfen des Pulvers fällt dasselbe
durch Federdruck sofort in die Patrone.
Stets egale Füllung! :: Billig! :: Schnell! :: Genau!
Alleinverkauf für Deutschland: _____ (614

G. C. Dornheim, Suhl i. Thüringen,
Berlin, Köln, Lippstadt, Magdeburg.

---

253 DSZ 1911 Nr. 15

Die Pulverhersteller bemühten sich, das Laden der Patronen zu erleichtern. Dazu wurden zwei unterschiedliche Wege eingeschlagen. Die Pulverfabrik RWS (Troisdorfer Scheibenpulver) bot ab 1911 fertig abgepackte Ladungen an. Sie wurden, einschließlich der Papierhülle, in die leere Hülse gesteckt. Trotz ihres höheren Preises (ein Kilo Rottweiler Pulver kosteten 1937 14,40Mark, 1000 abgepackte Ladungen der gleichen Pulverfabrik dagegen 21,50 Mark) waren diese Ladungen beliebt.

Solche abgepackten Einzelladungen wurden noch bis in die Zeit des zweiten Weltkriegs hinein angeboten.

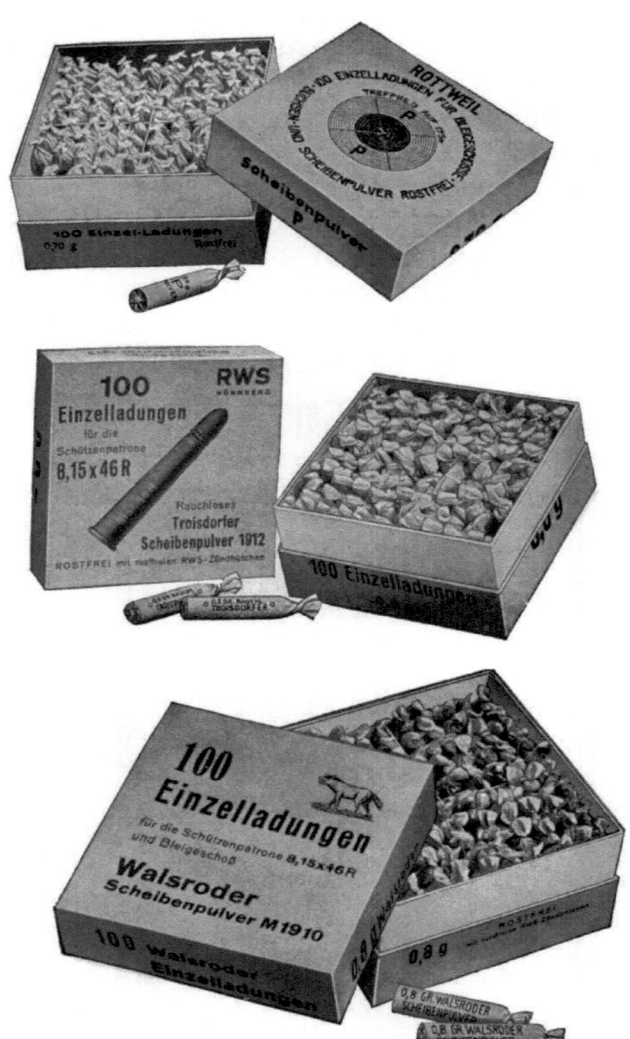

254

---

254 GECO-Katalog, 1937

Die Pulverfabrik Hasloch a.M. ging einen anderen Weg und bot ab 1912 Pulverpresskörper an, die, genau wie die Papierröllchen der Konkurrenz, einfach in die Hülse gesteckt wurden.

In einem Artikel[255] werden die Vorzüge der Preßkörper so beschrieben:

„Das Laden der Patronen mit der Lademaschine und mit dem Schöpfmaß verlangt nicht nur große Sorgfalt, sondern auch Zeit, woran es dem Schützen auf dem Schießplatz aber meist fehlt, infolgedessen wird die Ladung nicht genau abgemessen, die Pulvermengen werden ungleich, so daß beim Schießen größere Unterschiede in der Fluggeschwindigkeit des Geschosses auftreten, wodurch natürlich die Treffpunktlage geändert und die Präzision verschlechtert wird. ...

Dieser Nachteil der rauchlosen Scheibenbüchsenpulver ist nun bei dem Haslocher Pulverpreßkörper in so großartiger Weise beseitigt, daß das Laden der Patronen nicht nur rascher als bei Schwarzpulver vor sich geht, sondern auch mit einer sonst nur beim Abwiegen der einzelnen Ladungen zu erreichenden Genauigkeit erfolgt. ..."

---

[255] DSZ 1912 Nr. 16

Allerdings hatten einige Schützen Probleme[256] mit der Verwendung der Presskörper. Sie zerkleinerten die Presskörper, da sie befürchteten, die Presskörper würden ungleichmäßig oder nur verzögert abbrennen. Manche Schützen luden nach dem Zerkleinern 1 ¼ oder 1 ½ Presskörper in die Hülse, was zu Waffensprengungen führte. Viele Schützen betrachteten die Presskörper deshalb mit Misstrauen.

Im Auftrag des Herstellers untersuchte[257] die Versuchsstation Neuenwalde die Presskörper in mehreren Waffen unterschiedlicher Laufkonstruktion.

Dabei zeigte sich, dass die Presskörper keine höheren Gasdrücke lieferten als andere Treibmittel. Auch die Presskörper blieben bis in die Zeit des zweiten Weltkriegs hinein im Angebot.

Es gab blaue und gelbe Pulver-Presskörper. Blaue Presskörper entsprachen einer Ladung von 0,8 Gramm Haslocher Pulver Nr. 3 und eigneten sich besonders für Waffen mit einer Drall-Länge zwischen 31 und 33 cm, gelbe Presskörper entsprachen einer Ladungsgröße von 0,9 Gramm des gleichen Pulvers und waren für Waffen mit längerem Drall bestimmt.

Das Geschoss

Das Geschoss der Schützenpatrone war außen gefettet und hatte einen „Führungsring". Er begrenzte die Setztiefe und sorgte auch in unterschiedlich

---

[256] DSZ 1913, Nr. 22 S. 6ff
[257] DSZ 1913, Nr. 22 S. 6ff

geformten Lagern und Übergangsbereichen für eine
gute Führung des Geschosses.

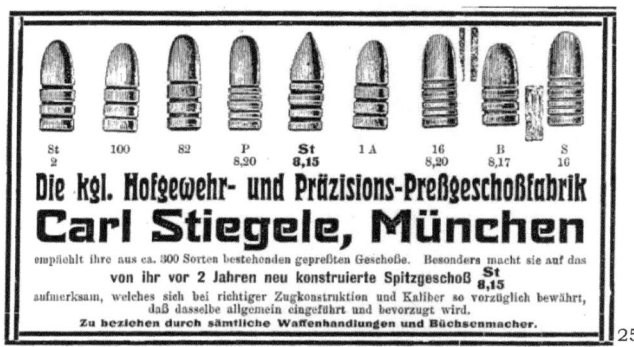

Die kgl. Hofgewehr- und Präzisions-Preßgeschoßfabrik
Carl Stiegele, München
empfiehlt ihre aus ca. 300 Sorten bestehenden gepreßten Geschoße. Besonders macht sie auf das
von ihr vor 2 Jahren neu konstruierte Spitzgeschoß St 8,15
aufmerksam, welches sich bei richtiger Zugkonstruktion und Kaliber so vorzüglich bewährt,
daß dasselbe allgemein eingeführt und bevorzugt wird.
Zu beziehen durch sämtliche Waffenhandlungen und Büchsenmacher.

258

Viele Hersteller boten unterschiedlich geformte und
aus Blei gepresste Geschosse an. Bei Schwarzpulver bevorzugte man Geschosse aus Weichblei; für
rauchschwache Pulver waren härtere Bleilegierun-
gen das Mittel der Wahl. Schoss man auf größere
Entfernungen, verwendete man schwerere Geschosse.

Daneben gab es besondere Geschosskonstruktio-
nen wie z.B. das TESCO-Geschoss mit einem Bo-
denstück aus Aluminium. Auch wenn sich mit diesem Geschoss größere Anfangsgeschwindigkeiten
erreichen ließen, konnte es sich, auch wegen seines höheren Preises, nicht durchsetzen.

---

258 DSZ 1910 Nr. 17

„Tesco" Bleigeschoß

mit kurzer Aluminiumführung D. G. M.

Bester Ersatz für Mantelgeschosse in Bezug auf **Treffgenauigkeit,** für Scheibe und Jagd gleich gut geeignet. Aus jedem Zug und Drall mit Schwarz- oder rauchlosem Blättchen- bezw. Kornpulver, sowie mit Haslocher Pulver-Preßkörper **mit größter Präzision** zu schießen.

Unentbehrlich für Scheibenschützen

da bedeutend größere Anfangsgeschwindigkeit als gewöhnliche Bleigeschosse.

Billiger Preis. **Schützengesellschaften erhalten Preisermäßigung.** Sofort lieferbar in Kaliber 8, 8,1 und 9,3.

Urteil der Versuchsanstalt Neumannswalde

siehe »Schießwesen« vom 31. März 1912 und »Schuß und Waffe« vom 1. April 1912.

G. Teschner & Co., Wilhelm Collath Söhne

Gewehr- und Patronenfabrik, **Frankfurt a. O.**

Bei Verwendung rauchlosen Pulvers ist ein Fetten der glatten Geschosse nicht erforderlich.

259

Gebräuchlich waren Geschosse mit einem Kerndurchmesser von 8,13mm bis 8,15mm und einem Führungsring mit einem Durchmesser zwischen 8,27mm und 8,40mm. Welches Geschoß aus welcher Waffe wirklich optimale Ergebnisse lieferte, musste der Schütze selbst feststellen. Das wohl beliebteste Geschoss hatte die Nummer 16 H.

Patrone 8,15x46R, Ladedaten für das 11 Gramm schwere Geschoss 16H

Ladung g	Troisdorfer Scheibenpulver 1912	Rottweiler „P" Pulver	Walsroder Büchsenpulver M 1910
0,7	390 m/s	390 m/s	—
0,75	—	410 m/s	360 m/s
0,8	430 m/s	430 m/s	375 m/s
0,85	—	—	390 m/s

260

---

259 DZ 1912 Nr. 46

260 RWS - Schießtechn. Handbuch für Jäger und Schützen, Nürnberg 1940.

Bemerkenswert ist, dass es in der originalen Literatur keinerlei Hinweise auf eine Verdämmung der Ladung bzw. auf Verdämmungsmittel gibt.

Auch Geschosse für die Schützenpatrone waren noch 1937 handelsüblich.

Nr.	Kaliber mm	Führung mm	Länge mm	Gewicht g
3 P	8,14	8,31	24,70	10,90
5 J	8,15	8,40	19,75	9,60
8,15 D	8,15	8,39	21,40	10,10
8,15 L	8,15	8,30	22,80	10,75
16	8,14	8,39	22,60	11,00
16 S	8,10	8,35	22,50	10,95
50	8,15	8,35	21,15	10,00

[261]

[261] GECO-Katalog 1937

Das Wehrmannsgewehr heute

Die industrielle Fertigung von Wehrmannsgewehren endete spätestens 1944 und wurde auch danach nicht wieder aufgenommen. Als einzige Ausnahme davon ließ die (nicht mehr existierende)
Firma Böddecker&Wagner um die Jahrtausend-
wende in einer Kleinserie ein Wehrmannsgewehr
fertigen. Die Waffe kostete damals 1790 DM und
war kommerziell kein Erfolg.

Bei der Neugründung des Deutschen Schützenbundes (1951) wurde das Wehrmannsgewehr nicht
einmal mehr erwähnt.

Erst mit der gegen Ende des vorigen Jahrhunderts
in Bayern beginnenden Rückbesinnung auf das
traditionelle Schießen und den Feuerstutzen begann auch die Wiederentdeckung des Wehrmannsgewehrs. Auf den alljährlich in München-Allach
ausgetragenen offenen bayerischen Meisterschaften für Traditionswaffen gibt es auch Wettbewerbe
für Wehrmannsgewehre. Geschossen wird liegend
freihändig auf eine Entfernung von 100m; wie bei
den früheren Bundesschießen ist der Gewehrriemen nicht als Anschlaghilfe zugelassen. Traditi-
onsbekleidung (mit Hut) ist hier Pflicht, lediglich
beim Liegend-Schießen darf der Hut abgenommen
werden.

Die Beteiligung an den Wettbewerben für Wehrmannsgewehre ist auch heute deutlich geringer als
bei Wettbewerben für Feuer- oder Zimmerstutzen.
Das ist einerseits sicher eine Folge der Tatsache,
dass das Wehrmannsgewehr auch vor 1933 nicht
so weit verbreitet war wie der Feuerstutzen, ande-

rerseits dürfte aber auch die „Überlebensquote" dieser militärisch anmutenden Gewehre besonders nach der allgemeinen Entwaffnung von 1945 geringer gewesen sein als die der Feuer- und Zimmerstutzen.

Aktuelle Übersichten über Traditionswettbewerbe, bei denen auch heute mit dem Wehrmannsgewehr geschossen wird, sowie Lade-Empfehlungen für die Schützenpatrone sind auf der Website www.feuerbixler.de zu finden.

Anlage – Mitgliederentwicklung des DSB

Die Quellen der Mitgliederzahlen sind in der Tabelle angegeben.

Jahr	Mitgliederzahl	Quelle
1862	9.111	Dt. Schützenmuseum
1865	13.500	IBSZ 1918 Nr. 12
1866	9.717	IBSZ 1918 Nr. 12
1868	16.300	IBSZ. 1918 Nr. 24
1869	9.717	DSWZ 1874 Nr. 12
1870	6.607	DSWZ 1874 Nr. 12
1871	7.679	DSWZ 1874 Nr. 12
1872	4.739	DSWZ 1875 Nr. 34
1873	3.858	DSWZ 1875 Nr. 34
1874	4.264	DSWZ 1875 Nr. 34
1875	7.762	DSWZ 1875 Nr. 34
1878	4.000	DSWZ 1875 Nr.34
1888	4.342	Dt. Schützenmuseum
1889	5.021	Dt. Schützenmuseum
1891	9.693	DSWZ 1894, S.172
1892	9.749	DSWZ 1894, S.172
1893	9.887	DSWZ 1894, S.172
1894	13.310	DSWZ 1894, S.172
1895	12.139	DSWZ 1897, S.194
1896	12.978	DSWZ 1897, S.194
1897	18.077	DSWZ 1897, S.194
1898	14.217	Dt. Schützenmuseum
1899	14.588	Dt. Schützenmuseum
1900	15.199	Dt. Schützenmuseum

1901	17.681	Dt. Schützenmuseum
1902	19.824	Dt. Schützenmuseum
1903	27.641	Dt. Schützenmuseum
1904	24.367	DSWZ 1905 Nr. 24
1905	26.319	DSWZ 1905 Nr. 24
1906	35.482	Dt. Schützenmuseum
1907	29.129	DSZ 1910 Nr. 32
1908	30.651	DSZ 1910 Nr. 32
1909	32.615	DSZ 1910 Nr. 32
1912	38.000	DSZ 1912 Nr. 33
1914	37.831	IBSZ 1918 Nr. 48
1915	14.126	IBSZ 1918 Nr. 48
1916	10.851	Dt. Schützenmuseum
1917	8.746	Dt. Schützenmuseum
1920	28.000	DSZ 1921 Nr.33
1928	55.000	Dt. Schützenmuseum
1930	63.400	Dt. Schützenmuseum

Literatur

Albl, J.: Scheibenwaffen – Hinterladersysteme von 1850 bis 1950. – Oberammergau : 2004.

Arfmann, Peter: J. P. Sauer & Sohn : Geschichte der ältesten deutschen Waffenfabrik gegr. 1751 ; Suhler Zeit, Eckernförder Zeit / Peter Arfmann ; Rolf Kallmeyer. - Suhl : Arfmann, 2004.

Beyer, C.C.: Meine Erfahrungen bei dem Scheibenschießen, eine praktische Anleitung für angehende Scheibenschützen. – München :1844. - (Reprint 2015)

Borggräfe, H.: Schützenvereine im Nationalsozialismus : Pflege der Volksgemeinschaft und Vorbereitung auf den Krieg (1933 – 1945). - Münster : Ardey, 2010.

Das erste deutsche Schützenfest in Frankfurt am Main vom 13. bis 22. Juli 1862. - Frankfurt a.M.: Brönner, 1862.

Der Deutsche Schützenbund 1861 – 1951 : Festschrift zur feierlichen Proklamation am 10. November 1951 in Köln a.Rh.. – Köln : Dachem, 1951.

Ehmik, D.: Das zweite deutsche Schützenfest in Bremen. - In: Deutsches Museum, Zeitschrift für Literatur, Kunst und öffentliches Leben, Nr. 36, 07. September 1865.

Ewald, W. (Hrsg).: Wir Schützen. – Duisburg : Rheinische Nationaldruckerei, 1938.

Gedenkbuch - das allgemeine deutsche Schützenfest zu Frankfurt am Main Juli 1862. – Frankfurt am Main : Keller, 1863.

Gehrmann, H.: Der Ehrenspiegel deutscher Schützen. – Leipzig ; Nürnberg : Vaterländischer Buchvertrieb, 1929.

Hirth, Georg: Das erste allgemeine Deutsche Schützenfest in Verbindung mit dem Thüringer Turnfest
zu Gotha, den 07. bis 11. Juli 1861. - Gotha :
Thienemann, 1861.

Hülgerth, L.: Handbuch der Wehrausbildung. – Heft 2.:
Schießen mit dem Kleinkaliber- und Normal-
Gewehr. – Klagenfurth : Selbstverl., 1929.

Instruktion über das Scheibenschießen der mit Zünd-
nadelgewehren bewaffneten Infanterie-Bataillone.
– Berlin : Decker´sche geheime Ober-
Hofbuchdruckerei, 1855.

Kanzler, R.: Bayerns Kampf gegen den Bolschewismus :
Geschichte der bayerischen Einwohnerwehren. –
München : Parcus & Co., 1931.

Kleinkaliber-Scheibenschießen : Sportbuch des Reichsverbandes Deutscher Kleinkaliber-Schützenverbände. - 2., verb. u. verm. Aufl. – Berlin : 1930.

Kummer, Heinrich: Deutsches Schützenbuch für
Schieß-Vereine insbesondere für den Deutschen
Schützenbund - Erste Abteilung: Der praktische
Büchsenschütze. – Dresden : Verlagsbuchhand-
lung Rudolf Kuntze, 1862.- Reprint 2013.

Lanz, Karl-Heinz: Sportliches Gewehrschießen / hrsg. v.
Deutschen Schützenbund. - 5. Auflage. – Wiesbaden : 1957.

Maretsch, O.: Moderne Scheibenwaffen – Scheibenbüch-
sen, Zimmerstutzen, Luftgewehre, Teschins,
Scheibenpistolen und automatische Pistolen. –
Berlin-Schöneberg : Verl. Die Jagd, 1911.

Palmer, A.J.: The International Shooting Union : Official
History 1907 – 1977. - Wiesbaden : International
Shooting Union, 1977.

Pistorius, C.: Die praktische Schießkunst mit der Hand-
feuerwaffe in Verbindung mit den Lehren vom
Schießmateriale und von den Waffen nebst dem

Notwendigsten aus der Jagdkunde für angehende Schützen, Militärs, Jäger und Jagdfreunde. - Stuttgart : Metzler, 1860.

Reinsberg-Düringsfeld, Otto von: Das festliche Jahr. – Leipzig : Spamer, 1863.

Rüstow, Caesar: Kriegshandfeuerwaffen. – Berlin : Bath, 1864. - Band 2.

Rüstow, Wilhelm: Von der zweckmäßigen Heeresbildung und erfolgreichen Kriegsführung und ihren Hindernissen - 2. Aufl. – Coburg : Streit, 1866.

Scheyrer, Ludwig: Altes und Neues Wiener Schützenwesen. - Wien : Wallishausersche Buchhandlung, 1868.

Speed, Jon: „The Mauser Archive". – Cobourg, Ontario : Collector Grade Publications, 2007.

Sportordnung des Deutschen Schützenbundes e.V., Stand 1. Januar 1973. – Wiesbaden.

Sportordnungen des Deutschen Schützenverbandes:

Teil I: Anleitung für das Schießen mit Kleinkaliberbüchse, Wehrmannsgewehr und Wehrmannszimmerstutzen (Militärische Anschlagsform und offene Visierung) - Entwurf 1938.

Teil II: Wettkampfordnung für Schießen mit der Kleinkaliberbüchse in militärischer Anschlagform und offene Visierung – Entwurf 1938.

Teil III: Sportordnung für das Schießen mit der Kleinkaliberbüchse in beliebiger Anschlagsform – Entwurf 1937.

Teil IV: Wettkampfordnung für Schießen mit dem Wehrmannsgewehr – Entwurf 1937, mit Nachtrag vom Juni 1938.

Teil V: Sportordnung für das Schießen mit dem Scheibengewehr – Entwurf 1939.

Vogt, M.; Koerber, K.; Moltke, J.v.: Die militärische Ju-
    genderziehung : ein Hilfs- und Nachschlagebuch.
    - 2. Auflage. - München : Schnell, 1914.

Festzeitung für das 7. Deutsche Bundesschießen. -
    München : 1881.
Festzeitung zum 9. Deutschen Bundes- und Jubiläums-
    schießen in Frankfurt am Main. – 1887.
Festzeitung des 15. Deutschen Bundesschießen. - Mün-
    chen : 1906.
Festzeitung des 16. Deutschen Bundesschießen in
    Hamburg. – 1909.
Festzeitung zum 17. Deutschen Bundes- und Goldenem
    Jubiläumsschießen in Frankfurt am Main. –
    1912.
Festzeitung zum 18. Deutschen Bundesschießen in
    München. – 1927.

Deutsche Schützen- und Wehrzeitung
Deutsche Schützenzeitung
Deutsches Kleinkaliber-Scheiben-Schießen
Der Deutsche Schütze
Illustrierte bayerische Schützenzeitung
Vereinigte Deutsche Schützenzeitung
Schuss und Waffe